あの歌この街

一

橋本克彦 著

旅行読売出版社

まえがき

この本は連載「あの歌この街」をまとめたひとつめの本になる。

私は歌に誘われて旅に出た。歌われた場所と人とを訪ねる旅が続き、この本になった。筆者にとってこんなにうれしいことはない。そして、読者にこの本をお届けできることはもっとうれしい。

こんなにいろいろな事を想う旅はなかった。夕暮れの横浜、苔むした天城山隧道、歌われている場所に立って、私の心は騒いだ。歌の心がさまざまに姿を変え、色あいを変えて現れて来るのに驚き、うろたえ、ぼんやりした。なるほどそうだったのか、と思ったりして、心が騒いだのである。

旅情にひたることもできた。旅はいいな、とつぶやくことがまことに多く、歌が道しるべになり、歌の気分にひたりながら旅ができる幸運を神様に感謝した。

歌と旅とは切っても切れないふたつの大事な情緒なのではないか、と思って、それを求めて旅を行くわが心の奥をのぞきこむようなときもあった。

歌にはその歌ができた理由があり、流行った歌には、その歌を下支えしている心情がある。多くの人が受け入れた歌には、必ずその心情を共有する幅広い受け手の共鳴する心がある。そのわけを尋ねる旅でもあった。

湯につかって口ずさむ歌もいいし、暗い酒場で歌う歌も、青空のように明るい歌もいい。

何よりも、歌っているうちに津軽海峡に行ってみたくなって行くことができたのがわが人生最大の幸福だった。青森県竜飛岬で立ち話をした方はお元気だろうか。この本は取材に協力していただいた皆さんと一緒に作った本である。

「あの歌この街」でとりあげた歌は、私の青春時代によく流行った歌が多い。だから厳密にいえば「懐かしのあの歌この街」である。

懐かしいのは流行った時代だけではない。その時代に固有な歌の背景が懐かしいのである。つまり「あの歌この街」の両方、歌も街も懐かしい。それでいい。

若い頃に行った場所、忘れられない場所、そのときに流れていた歌。それをまたのんびりと訪ねる旅があっていい。いや、そこにもうひとつ旅の真髄がありそうだ。

人生は旅のようだ、という言葉もある。ふくらむ想い出を道ずれに、旅は続く。

橋本克彦

あの歌この街㊀【目次】

●本書は月刊「旅行読売」2017年1月号～2018年8月号に連載した「あの歌この街」を1冊にまとめたものです。
●文中に登場する方々の年齢、肩書きなどは取材当時のものです。

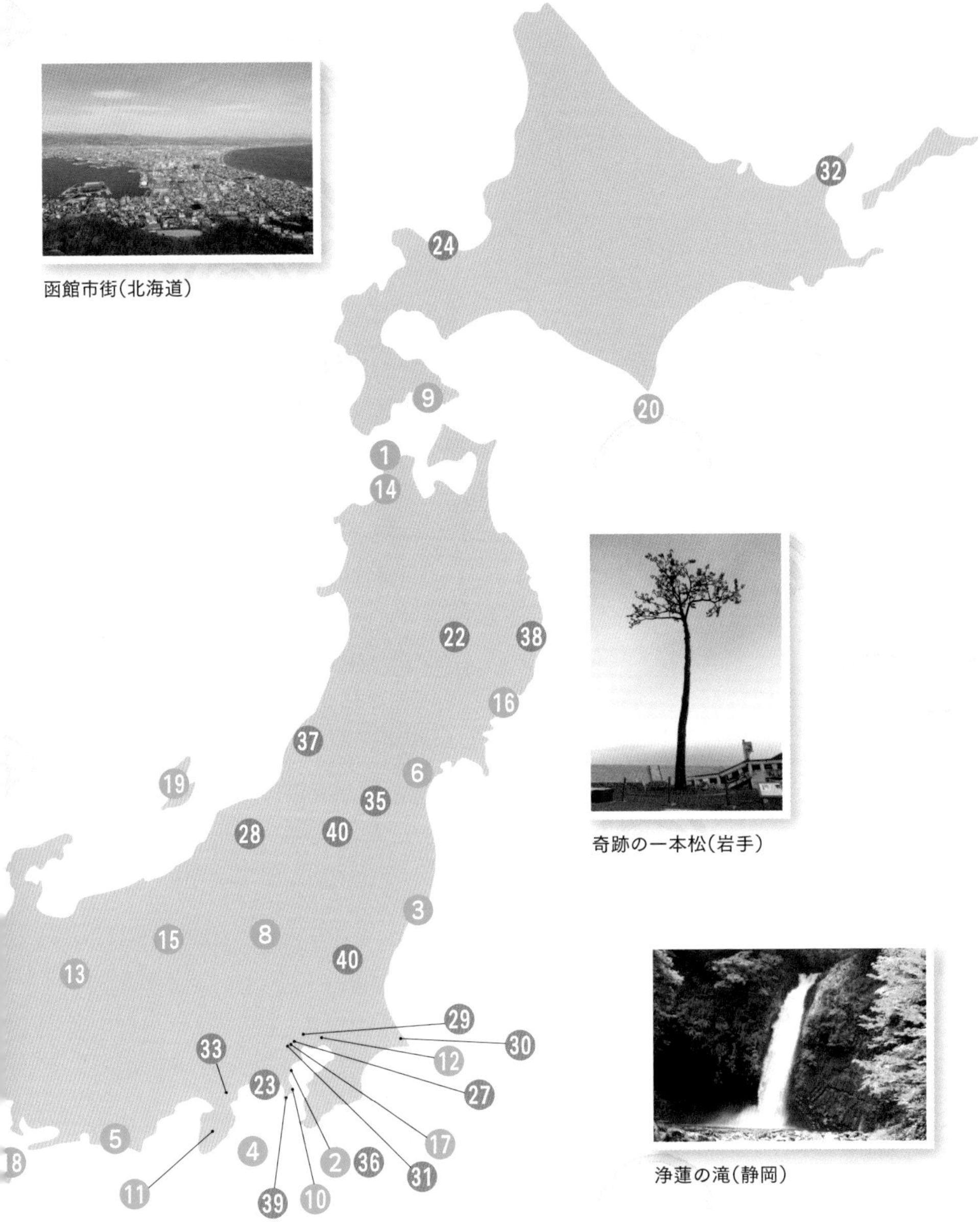

函館市街（北海道）

奇跡の一本松（岩手）

浄蓮の滝（静岡）

さくいん地図

第一巻

第二巻

桂浜（高知）

【昭和52年】◉石川さゆり

津軽海峡・冬景色

ごらんあれが竜飛岬　北のはずれと
見知らぬ人が指をさす
息でくもる窓のガラスふいてみたけど
はるかにかすみ　見えるだけ
さよならあなた　私は帰ります

歌の舞台
青森県
外《そと》ケ浜《はま》町

男たちが生きる海峡の海が光っていた

『津軽海峡・冬景色』に歌われた竜飛崎のふもとに竜飛漁港と三厩《みんまや》漁港がある。腰をすえて、強く、静かに生きる男たちの暮らしがある。

津軽海峡・冬景色［昭和52年］

晴れれば北海道の松前半島が間近に見える津軽海峡。手前下は竜飛漁港と帯島（写真／外ヶ浜町）

午前11時すぎ、北海道新幹線奥津軽いまべつ駅からレンタカーで1時間、竜飛崎の津軽海峡冬景色歌謡碑の前に立った。岬のむこうには青々とした海。北海道の松前半島がくっきりと見えている。津軽海峡は晴れて、風もおだやか。少し拍子抜けして、厚いジャンパーを脱いで手に持った。

滋賀県東近江市からやってきた山下成一さん(26)親子がいた。軽四輪にお母さんの淳子さんを乗せた親孝行旅行だという。歌謡碑の手前、石の上に赤いボタンがある。それを押すと、石川さゆりの歌声が流れ出る仕掛け。で、ボタンを押した。

ルルル、ルーという間奏に続いていきなり二番の「ごらんあれが竜飛岬、北のはずれとー」の声。東京からやってきた団体さんも歌謡碑の前にぞろぞろと立った。

「さよならあなたー、私は帰りますー」

とみんなで歌うのだ。

「あああ、津軽海峡冬景色ー」のところで合唱となった。

「ここで歌うと、ひとしお感じるわねえ」

と誰かが言った。雄大な海峡に負けない歌の力だった。

昭和52（１９７７）年、石川さゆり19歳の絶唱。冬の津軽海峡、荒れる風と波と破れた恋のイメージが私たちの胸に刻まれた。

歌に誘われて旅に出るというこの連載の１回目の場所に竜飛崎を選んだのは、その厳しい風と波の中に立ってみたいと思ったからだ。そして、歌の風景の中に生きる人たちに会いたいと思った。

この歌が流行《はや》る８年前、竜飛崎の根元、三厩港の漁師・牧野勇次さんはイカ釣り船に乗り組む16歳の少年漁船員だった。

「船倉にイカが満杯になるまで陸に上がれねえのさ。韓国領海ぎりぎりの日本海で、あんた、３日も４日も連続操業してね。春から島根、鳥取、境港《さかいみなと》とイカを追い、青森、函館で夏、八戸、宮古まで行けば

津軽海峡冬景色歌謡碑。碑文は「ごらんあれが竜飛岬」と正面に大きく彫られている

秋も終わりだ。釜石、気仙沼となって漁が終わる。当時は自動イカ釣り機なんかない。手で巻き上げたもんだった。いま思えば気の毒なほどの重労働だったよ」

牧野さんは昭和28（１９５３）年生まれの63歳。本マグロの一本釣りはもちろん、ヒラメ、メバル、アブラザメ、カサゴと、前の海で漁をする名人である。

昭和44（１９６９）年当時、地元の漁師の息子たちは、中学を出てすぐ八戸のイカ釣り船などへ乗った。

「中卒の集団就職みたいなものだね。なんもかんもない。未成年だから親の承諾書持って、機関員として乗り組んだ」

『津軽海峡・冬景色』に覚えはないという。牧野さんは24歳。稼ぐのに必死で流行歌どころではなかったのだろう。機関室はエンジン音が絶えない。オイルでまっ黒になって黙々と働いた。

「港に入れば出航準備で忙しい。銭湯に入る間もなく食い物を仕込んで、傷んだ漁具を修理して、機関の部品を調達してね、長くても2泊したらもう海の上だ」

何を思い出したのか、少し笑った。

「港、港でね、先輩から良いこと悪いことみんな教わったな」

目が細くなり、黙った。

青函トンネル工事で寒村が金がうなる岬に

昭和46（１９７１）年から青函トンネル本工事が始まっていた。先進導坑から作業坑へと工事が次第に本格化していく。津軽海峡に面した旧三厩村は、平成17（２００５）年に蟹田《かにた》町、平舘《たいらだて》村と合併して外ヶ浜町となるが、トンネル工事の頃は、人口約３０００人の小さな漁村だった。そこへ全国からトンネル作業員が集まり、人口は６０００人に膨らむ。空前の景気、あの歌が流行っていた頃、竜飛崎は金がうなる岬だった。

岬の青函トンネル記念館で働く駒谷義次郎さん(63)は、中学卒業後、三厩村の生コンクリート会社で働いていたが、トンネル工事が始まると、建設企業体の下請会社に就職した。

「工事資材や作業員を地下に下ろす斜坑トンネルのクレーンオペレーター。斜坑を上り下りする車両にクレーンで資材を積み込む。海底で異常出水があると緊張したものでした」(駒谷さん)

前出の牧野さんもイカ釣り船を降りてトンネルへ入った。たまげるほどの高給が魅力だった。20代半ばの年齢で、

「ひと月40万円以上、50万円を超える月も珍しくない。私はトンネルの先端の切羽《きりは》にとりついた。切羽は何メートル掘り進んでなんぼという歩合制だから一番稼げる。若いからよく働いたよ。3交代の工事の合間に漁もした。眠かったがね、大学出の連中を超える稼ぎが得意でね、通う車はクラウンだったしね」

と笑い、牧野さんは続ける。

「29歳で所帯を持って、長男と長女が生まれて、もうはあ、出稼ぎはたくさんと思いました。家も建てたしね。トンネル貫通まで働いて、落ち着こうと前の海に帰ったわけです」

駒谷さんも、「大卒者をはるかに超える給料でした。遊ぶときは青森まで出たな。競輪でだいぶ金をすったが、その後は落ち着きました」と苦笑した。

青函連絡船は消えても“北のはずれ”の風は変わらず

夜から朝にかけて、寒冷前線が津軽海峡を横切るという天気予報だった。夜明けに嵐になった。しかし、前線はあっという間に通り過ぎた。午前10時には晴れ間さえ出た。なんという猛々《たけだけ》しい天候だろう。牧野さんの話を思い出した。

「冬になれば白波が空中に浮いて風になぶられ、

そのまましぶきとなってかき消える。ここの漁師は絶対に無理をしない。荒れる日はじっと陸にいる」

さぞや沖は凄《すご》かろうと思う。

もう一人ぜひ会いたいと思った人が三厩生まれ、三厩育ちで郷土史に詳しい中学校の元社会科教師・佐々木文武さん(81)。竜飛崎と、三厩村とはどんなところか、あらためてうかがった。

「三厩は幕末まで浜小屋があるぐらいで人が住んでいなかったのです。漁のときだけ人がやって来る寂しい浜でした。トンネル工事のにぎわいも、いまとなればあだ花といえます。浮かれないでここに静かに暮らすこと。それが一番いいのです。魚は日本一だもの」

日本海側へ周るため、また竜飛崎に登った。なんと岬は強風。ちぎれ雲が東へものすごい速さで飛ぶ。寒いのなんの。立っていられないほど風がうなる。今はこの海を行く青函連絡船も絶え、歌詞にあるように窓から津軽海峡の冬景色を眺めることはできない。が、北のはずれの岬に吹く風は変わらない。

退散して国道339号を南へ下った。海は寒冷前線の残した風で荒れ、波浪は銀色に光っていた。

上 牧野勇次さん。今では津軽海峡一本釣り漁の名人 下 駒谷義次郎さん。現在は青函トンネル記念館で働いている

旅のメモ

交 北海道新幹線奥津軽いまべつ駅から車で1時間。国道339号は冬期交通規制あり 問 外ヶ浜町産業観光課 ☎0174・31・1228

月刊「旅行読売」2017年1月号掲載

【昭和43年】● いしだあゆみ

ブルー・ライト・ヨコハマ

いつものように　愛のことばを
ヨコハマ　ブルー・ライト・ヨコハマ
私にください　あなたから
歩いても　歩いても　小舟のように
私はゆれて　ゆれて　あなたの腕の中

歌の舞台
神奈川県
横浜市

たそがれ色の横浜に、ぼんやり遠く灯がともる

波止場、霧笛、酒場、夜霧、涙、別れた女。あまたの歌に歌われた横浜で追憶の時を巡る。横浜開港からはるかに時は流れ、今夜も歴史が紡がれる。

みなとみらいの横浜ランドマークタワーと観覧車の夜景は、横浜の今の顔に　©横浜観光情報

昭和43（1968）年12月25日、いしだあゆみの『ブルー・ライト・ヨコハマ』が発売された。翌年には年間売り上げチャート3位、150万枚を超える大ヒットになる。ノンビブラートのいしだあゆみの歌声は、夜霧や波止場や別れとは違う横浜の新しいイメージを歌っていた。

あの頃私は24歳。青春は終わりつつあった。私は大人になっていく自分に苦笑し、舌打ちしていた。青春の追憶は苦い。あの頃とは違った苦笑を浮かべて私は夕暮れ時の横浜・桜木町を歩いた。

作詞の橋本淳は「港の見える丘公園」から見た京浜工業地帯の夜景と、フランス・カンヌの夜景のイメージを重ね合わせてこの歌詞を書いたという。

橋本淳の見た京浜工業地帯は灯りを落としている。その方向に「みなとみらい」が見えた。夜空に観覧車の七色の光が浮かぶ。48年前のこの歌の時代はいまや完全に「歴史」である。立ち並ぶ高層ビルを見ながら、そうだ、『ブルー・ライト・ヨコハマ』

の頃の歴史を訪ねよう、と思った。この歌に誘われて歴史を想うのも悪くないだろう。

横浜市の歴史を調べるのは明日でもいい。一杯飲みたくなって私は野毛《のげ》を歩く。大岡川べりには、知る人ぞ知る飲み屋街「都橋《みやこばし》商店街」がある。ここは昭和39（１９６４）年の東京オリンピックを前にして、街並みをきれいにしようと、露天商や屋台の店を集約したのが始まり。長屋風のビルには、1階と2階合わせて60軒あまりの店が軒を連ねる。階段を上がり、通路を行ったり来たりしてから、ふらりとバー「幻ＤＡＹＺ」に入った。

店を始めて3年半になる一宮元《はじめ》さん(41)は、

「おれは浜っ子です。バンドやってたんですよ。ボーカルです。ロック系のバンド。まあ、年も年ですし、知人にここを紹介してもらって始めました。ここは安心な飲み屋街ですよ。ゆっくりしてください」

と明るい笑顔で迎えてくれた。

私は店で一番安いウイスキーを頼んで、さて、とあの頃に思いを馳《は》せた。

ベトナム戦争の時代は本牧《ほんもく》の街に米兵があふれた

『ブルー・ライト・ヨコハマ』の時代とはベトナム戦争の時代だった。休暇で日本に来る米兵はベトナム戦争のきな臭さだけではなく、最新流行のダンスも運んできた。東京の若者たちはその最新のダンスを仕込むために横浜へ遠征した。

ジェイムス・ブラウン、ウィルソン・ピケット、シュープリームス、オーティス・レディングなどの曲にあわせて米兵はカッコよく踊った、本牧、中華街、伊勢崎町あたりには下士官兵限定の店がたくさんあった。米兵の連れになればそういう店に入ることができた。私たちはブロークンな英語で米兵とトモダチになって店に潜り込んだ。

本牧あたりでは休暇の黒人兵が歩道からあふれ出ていた。横浜ではそれがありふれた光景だった。

大岡川べりに立つ都橋商店街。この建物の裏が大岡川

上「幻DAYZ」のマスター、一宮元さん
下 高級洋食器店「タカラダ」の代表、宝田良一さん

横浜には戦争の臭いのする店が散らばっていた。

一方でベトナム戦争に反対する学生たちの動きも激しかった。その両方の追憶は切ないものだ。変なもので、思い出し始めるとどうにも気分が晴れず、私は早々に酒を切り上げて東京へ帰った。

翌日、横浜市立中央図書館で歴史を調べてから元町商店街へ。高級洋食器店「タカラダ」代表の宝田良一さん(68)はこの街の歴史を振り返って語る。

「ここの戦略は高級志向の商品の提供です。明治初期は関内の商業地区と山手の外国人居留地区の間で商売し、戦後は主に米軍将校が相手。ベトナム戦争のあとは日本人のお客さんが増えました」

逆にいえば60年代後半になり、元町のファッションに日本社会が追いついたとも言える。『ブルー・ライト・ヨコハマ』の頃、日本経済は高度成長のまっ只中だった。豊かになり、高価な商品の多い元町へ、地元の人々はもちろん、東京からも客が来るようになった。

米兵が運んできた本場のリズムと音楽

『ブルー・ライト・ヨコハマ』がヒットした昭和44(1969)年前後に、米軍住宅、根岸競馬場、本牧の港湾施設などが返還され始めた。横浜は昔の面影を取り戻し、さらに今のたたずまいに変わっていく。ベトナム戦争後、本牧も静かになる。

その本牧町1丁目で伝説のライブハウス、ゴールデンカップがいまも営業を続けている。ここはグループサウンズの一つ「ザ・ゴールデン・カップス」が誕生した店であり、60年代にはリズム&ブルースが流れて米兵が踊っていた店だった。

この日は土曜日、夜8時すぎに店に入った。熟年のお客さんで満員。だが、当然、昔の雰囲気はない。テーブルにイスの店、行儀のよい客が今夜のライブを楽しんでいた。かつてこの店は熱く危険だった。店内でもめて、外で喧嘩《けんか》することもあった。が、

旧根岸競馬場のメインスタンド。周辺は根岸森林公園に整備された

過ぎ去った時の中でこの店も変わらざるを得なかったのだ。当然だった。それが分かっていても私はもの悲しくなり、あの頃のままの店はないかと、しきりに思い出を探った。

あんな夜もあった、こんな夜もあったと追憶が巡るうちに東神奈川のスターダストという店を思い出した。米陸軍輸送基地の手前にその店はあった。米軍施設がなければ成り立たない店だった。

東神奈川駅を降りて暗がりを歩いた。店がまだあるかどうか不安だった。踏切をこえて少し行くと右手に赤い光。おお、スターダストは健在だった。私は落涙寸前の気持ちで中へ入った。

暗い店内も昔のまま。涙をこらえ、ウイスキーのロックを注文した。カウンターで静かに飲む7、8人の客。なんと、フロアの隅に古いジュークボックス。独特の音質で古い曲が流れてくる。60年代のヒット曲はもちろん、終戦直後のグレン・ミラーのイン・ザ・ムードも流れる。客は思い思いにコインを入れて選曲していた。窓の外に遠い横浜の灯り。窓の下には濡れた光を浮かべる運河。

ああ、私は追憶にひたる。あの頃はこんなふうに老いるとは思いもしない。いい気持ちと苦い気持ちで酒が進んだ。『ブルー・ライト・ヨコハマ』の頃とは横浜が今の姿に脱皮する歴史の転換点だったと思う。それは同時に私の青春が終わった時だった。そう思ってグラスを傾けた時、誰が選んだのか『ブルー・ライト・ヨコハマ』が流れたのだ。

私は聴き入り、胸の中で二度と戻らないわが青春に「やあ、懐かしいよ」と挨拶した。鼻頭がツン、とした。いしだあゆみの声はどこかそっけないのに、ひどく私の心にしみた。

旅のメモ

交 京浜東北線桜木町駅、みなとみらい線元町・中華街駅、根岸線根岸駅などで下車
問 横浜観光コンベンション・ビューロー 桜木町駅観光案内所 ☎045・211・0111

■月刊「旅行読売」2017年2月号掲載

みだれ髪

【昭和62年】◉美空ひばり

春は二重《ふたえ》に　巻いた帯
三重《みえ》に巻いても　余る秋
暗《くら》や　涯《は》てなや　塩屋の岬
見えぬ心を　照らしておくれ
ひとりぼっちに　しないでおくれ

歌の舞台
福島県
いわき市

空を飛び、美空ひばりが遊びに来る岬

岬には物語が漂着する。岬に宿る物語は打ち寄せる波のよう。灯台の明かりは、流れ着く無数の物語を照らして夜空を巡っている。

塩屋崎全景。浅瀬を避けて大型船が航海する

美空ひばり『みだれ髪』の発売は昭和62(1987)年12月10日だった。売り上げはシングル盤換算で約100万枚とされる。

私は『みだれ髪』が生まれた砂浜を歩いた。海は凪《な》いでいた。この穏やかな風景とは裏腹に美空ひばりの生涯が悲しさを帯びていることに思い至る。私はこの岬に残した美空ひばりの物語を想った。

昭和62(1987)年8月、美空ひばりは特発性大腿骨頭壊死《だいたいこつとうえし》症という難病を克服して退院した。日本コロムビアのディレクター森啓《あきら》は、ひばりの再起を期して新曲の作詞を星野哲郎に託した。

星野は森啓の示唆《しさ》を受けて塩屋崎を訪れた。塩屋崎の北に薄磯の浜が広がり、さらに富神《とみかみ》崎の北に沼の内という浜がある。この辺りが星野の歩いた浜だった。

そこを私も歩いた。

星野になかなか詩想は訪れなかった。ふと塩屋崎を振り返ると、夕日を浴びた純白の灯台が美空ひばりのように毅然《きぜん》と立っていた。星野は感動して眺めた。

ひばりの私生活には悲しみがつきまとっている。この当時、母・喜美枝はすでに亡く(昭和56年没、68歳)、二人の弟、かとう哲也(昭和58年没、42歳)と、香山武彦(昭和61年没、42歳)も世を去っていた。江利チエミや石原裕次郎らの友人もすでに亡くなっている。そして難病。ひばりは病気と孤独に耐えていたのだ。星野がそう思ったとき『みだれ髪』の詩想が生まれていた。

作曲の船村徹は曲のある部分の音域を懸念していたが、昭和62年10月9日のレコーディングで、ひばりは見事に歌い上げた。ひばりの声が若返ったと船村は思ったという。また星野は、「ひとりぼっちにしないでおくれ」という歌詞がひばりの心を言い当てていたのかもしれない、と後に語っている。

こうしてひばりは見事に再起したのである。

『みだれ髪』は愛する男に去られた女の孤独、悲しみを歌っている。私は遠く見える白い灯台と岬に、その悲しみが宿っているように思えて仕方がなかった。

沖の瀬をゆく底曳《び》き網の……
塩屋崎沖に実在の浅瀬

『みだれ髪』の歌詞にある「底曳き網の舟」の漁師さんに、いわき市漁協の紹介で会うことができた。沼の内の漁師、矢吹正一さん(80)である。

「東日本大震災の津波はちょうどわが家の石垣の高さまで来た。富神崎が防いでくれて集落は小さな被害で助かったよ」

と矢吹さんは語る。矢吹さんの家は大きい。そしてこの豪邸が矢吹さんの人生を物語っていたのだった。

「ここで生まれて、若い頃は稼ぐために北洋サケマス漁業の独航船に乗った。やがて北洋漁業がダメになってね……」

『みだれ髪』の歌碑の前で、底曳き船漁師の矢吹正一さん

北洋サケマス漁とは1万トン前後の母船と20数隻の独航船(100トン前後)が連携して漁をする船団式漁業である。

かつては日本を代表する大規模漁業だったが、やがて昭和52年、漁業専管水域が12海里から200海里(約370キロ)に拡大され、衰退した。それは同時に矢吹さんの転機でもあった。

「北洋サケマスをやめて、中古の底曳き船を買い、漁を始めた。しかし、甘くない。魚は獲れず、赤字続きでね」

中古船は300万円ほど、底曳き網漁は海底のようすと魚の生態を知らなければできるものではなかった。海底の磯や沈船に網を引っかければ100万円の網が消えた。が、魚は獲れず、燃料代も出ない。

「矢吹は潰れる、と噂が立って、現金でなければ資材も油も売ってくれなくなった。ひどい貧乏でね。借金まみれ、家族にはつらい思いをさせたなあ」

漁を覚えるのに10年以上。経営が良くなってやっとの思いで家を建てた。

「どうだ、おれはやり抜いた、という証しがこの家だよ。見返すつもりで精いっぱい大きい家にしたんだ」

と笑う矢吹さんに、塩屋崎の沖に浅い瀬がありますか、と尋ねた。「沖の瀬をゆく底曳き網の 舟にのせたいこの片情け」と歌うあの「浅瀬」である。

「ああ、あるよ。塩屋崎沖2㍄。気をつけないと大型船は座礁する」

私は歌詞が事実だったことに安心した。

矢吹さんと一緒に『みだれ髪』の歌碑の前に立った。何を思うのか、矢吹さんはセンサーでひとりでに鳴り始めたひばりの声にじっと聞き入っていた。

陽光かがやく大海原 あの空のどこかに、ひばりが

福島県いわき市平薄磯宿崎34番地が塩屋埼灯台の番地である。

このあたりは東日本大震災の津波で多くの人家が失われた。『みだれ髪』の頃の風景を想像するのは難しい。

塩屋崎は『みだれ髪』のヒットによって歌の聖地になっていたが、震災で灯台の見学が閉鎖されて、平成26年2月22日にやっと再公開される。

いわき市の皆さんは不屈である。たとえば、いわき市平下大越のイチゴ農家、坂本俊雄さん(62)は冬が盛りの収穫作業に精を出していた。

「うちは震災前に戻りました。高設式の栽培台で、潮をかぶらなかったのも幸運でした」

上 冬はイチゴの出荷最盛期。坂本さんはハウスで収穫に精を出す 右 作山葉子さんは子どもの頃、灯台の下の宿舎で育った

30アール（約900坪）のハウスでイチゴを栽培し、今年も好調。800万円の売り上げを予想している。

私は塩屋埼灯台への石段を登ろうとして『喜びも悲しみも幾年月』の歌碑があることを初めて知った。木下恵介監督、高峰秀子、佐田啓二出演。灯台を守る人々を描いた名作映画だ。その歌碑に敬意を表して石段を上る。が、午前10時の灯台に人影なし。入場料200円を払いながら尋ねると「今日一人目の客です」との返事。観光客はまだ戻っていない。

チケット売り場の方と話し込んでいるうちに、なんとこの方は『喜びも悲しみも幾年月』の原案となった塩屋埼灯台長田中績《いさお》（故人）の三女・葉子さん（現姓・作山、67）であることを知った。公益法人燈光会の縁があってたまたまこの仕事を手伝っているという。

私は奇妙な感動を覚えた。なんだか今度は田中家の長い物語がはじまりそうである。岬とは私たちにとって物語を宿す特別な場所かも知れない。

が、やはり、今日は灯台のてっぺんに登りつめて美空ひばりを想う。美空ひばりは『みだれ髪』を歌い、昭和63（1988）年に〝不死鳥リサイタル〟を成功させる。その1年後に肺炎で没する。享年52。昭和12（1937）年生まれのひばりは波乱の人生を駆け抜けた。彼女の人生こそが喜びも悲しみも幾年月であった。

そう思っているうちに、ひばりの魂が大海原の空を飛んでいるように思えてきた。ひばりちゃん、時々はこの塩屋の岬で遊べばいいのに、と小さく声をかけた。

旅のメモ

交 常磐線いわき駅下車。灯台へは江名経由小名浜方面行きバス30分、灯台入口下車徒歩10分

問 いわき市総合観光案内所 ☎0246・23・0122

■月刊「旅行読売」2017年3月号掲載

【昭和39年】◎都はるみ

アンコ椿は恋の花

三日おくれの　便りをのせて
船が行く行く　波《は》浮《ぶ》港
いくら好きでも　あなたは遠い
波の彼方へ　去《い》ったきり
あんこ便りは　あんこ便りは　あゝ片便り

歌の舞台
東京都
大島町

はるみのうなり節が誘う伊豆大島の物語

火を噴く島に椿の花が咲いてあなたを待っている。アンコの髪に赤い花、緑の島影、青い海。つやつや輝く葉陰の花が、咲いてあなたを待っている。

大島公園・椿園の早咲きの椿。周遊コースに沿って延々と続く

2月上旬、晴れ、東京湾。

速い速い。伊豆大島航路のジェット船は、時速約80キロで波の上を疾走する。

東京の竹芝桟橋を朝8時15分に出航。1時間45分の短い「航海」で午前10時に岡田港着。なんとまあ、大島は近くなったものだ。

タラップを降りかけたときに「あんこー椿はー」と都はるみの歌声が流れた。この歌は大島ではナツメロではなかった。船が着くたびに流れる「お出迎えの歌」であり、出航の時にも流れる「お見送りの歌」である。若い都はるみの「うなり節」が懐かしく、不思議に元気の出る歌声に迎えられて上陸した。

『アンコ椿は恋の花』の発売は昭和39(1964)年10月5日。なんと東京オリンピック開幕の5日前だった。その頃の日本はオリンピックの成功と好調な経済で沸きに沸いていた。レコードはミリオンセラーとなり、16歳の都はるみは翌年の第6回

作家たちに思いを馳《は》せていて、ふと西を見た。なんと中空に富士山が浮かんでいる。大島の西に稲《いな》取《とり》や伊東の山々が見えている。その奥に富士山を発見し、驚いた。澄んだ冬の大気で、雪の頂きが見えている。私は呆然《ぼうぜん》と富士山を見た。

島のために生きる人生 島に生かされた命の歌碑

バスツアーを終えて元町港へ。島の中心地である元町で地元の人々の胸の内を伺うことにした。そこの桟橋を上がると恵比寿屋土産物店がある。そこの一人娘が第60代ミス大島の高田蛍さん(26)。

「大島育ちです。7年間は東京でOLでした。私、東京の暮らしにふっと寂しさを感じていました。島の娘なんです、やっぱり。たまに帰ると大島は観光客が少なくなっているみたい。それで大島のために働くことにしました。家業を手伝い、やがてはすてきなお宿もやりたいな」

富岡サカエさん(80)は「草木染め、あしたば染め工房」を主宰する。

「自然の色彩の良さをぜひ体験して知ってほしい。私はいつまでも島の役に立って過ごしたいですよ」

富岡さんは草木染めの実践指導で世界40か国を回ってきた元気おばあさんだ。

島の人々はそれぞれに故郷を想っている。二人の言葉や椿園で踊っていた「アンコ」さんたちにも「祈り」を感じる。

郷土愛といえば単純すぎる、島への深い、言い難い想いであろう。

私は吉谷《よしや》神社へお参りし、鎮西八郎《ちんぜいはちろう》源《みなもとの》為朝《ためとも》由来の八幡神社へお参りした。境内は清々と掃き清められ、人々の心根を示しているようだった。

元町の西の浜辺の弘法浜へ下りると「土田耕平歌碑」と倒れかけた表示板があった。右手の藪《やぶ》の中へ細いゆるやかな上り道が続いていた。少し行くと竹薮がほっこりと開け、歌碑が立っていた。自然石の質素な歌碑だった。

　桜葉の散る日となればさわやかに
　海の向山見えわたるなり

「向山」とは、沖に見える伊豆の山々であろう。土田耕平は諏訪の人。アララギ派歌人で童話作家。大正4（1915）年から大正10（1921）年まで結核の転地療法で大島に来た。土田は大島の風土と質朴な人情をこよなく愛したという。昭和15（1940）年没、45歳。

伊豆大島観光協会長白井岩仁さんは、「昔は離島ブームで大島は人気でした。しかし、このところ少し振るいません。これからは滞在型、体験型の観光地を目指して頑張ります」

と抱負を語る。

歌人与謝野晶子は次のような歌を残した。島の乙女らへの眼差しは『アンコ椿は恋の花』に通じるような気がする。

この歌を挙げて終わりとしよう。

　椿咲く島の少女ら巻帯し
　やさしく凛々《りり》しその花のごと

上 ミス大島の高田蛍さん。実家の土産物店で名物の牛乳煎餅を売る
下 草木染め工房で作品を見せる富岡サカエさん

旅のメモ
交 竹芝、横浜、熱海、久里浜港などから船便がある
問 大島観光協会 ☎04992・2・2177

■月刊「旅行読売」2017年4月号掲載

【昭和47年】●吉田拓郎

結婚しようよ

僕の髪が肩までのびて
君と同じになったら
約束どおり 町の教会で
結婚しようよ Whm…

歌の舞台
静岡県
掛川市

フォークソングの聖地「つま恋」の不死鳥伝説

吉田拓郎、かぐや姫ほか、多くのミュージシャンがつま恋で野外コンサートを開いた。彼らの歌声が「つま恋」を伝説の地にし、今、未来へ引き継がれる。

「ヤマハリゾートつま恋」の正面ゲート（取材時）。2017年4月から「つま恋リゾート彩の郷」となった

つま恋の多目的広場に春の陽が跳びはねていた。なるほど広い。

「ヤマハリゾートつま恋」の敷地は１４０㌶、東京ドーム30個分。住所は静岡県掛川市満水《たまり》。「つま恋」の名は橘為仲《たちばなのためなか》の歌の下の句「鹿ぞ鳴くなる妻や恋しき」からとったもの。ここはホテル、音楽ホール、テニスコート、馬術馬場などを広い敷地内に配置した会員制リゾート施設である。その中に１万坪（約３・３㌶）の多目的広場がある。

昭和50（１９７５）年８月２日の夕方、この広場とステージからどよもすような歓声が上がった。翌朝５時までの吉田拓郎とかぐや姫の徹夜コンサートに集まった観客は約６万５０００人。この夜から「つま恋」の多目的広場はフォークソング野外コンサートの聖地になった。当時29歳、ヤマハリゾートつま恋音楽企画担当だった木下晃さん（70）は思い出を語る。

「企画書には想定入場者数４万人とありました。

人数が多すぎて手に余る、やるかどうか本社に判断を仰ぎました」

社長はワンマン経営者として名高い川上源一（故人）である。「絶対に引き受けろ、やれ」と鶴の一声。

「いやあ、それからが大変でした」

と笑う木下さん。広さはサッカー場4面分あり、十分に4万人以上入る。南側の一角に厚さ50センチのコンクリートの基礎があった。そこに特設ステージと音響装置などを置く。機材は主催者が運び込む。つま恋側としては4万人分のトイレと水飲み場を作らなければならない。ユンボで溝を深く掘り、建設現場用の踏み板を渡した。1人分のスペースを板で囲ってドアをつけ、トイレを急造した。

しかし、4万人という人数がどんなものか分からなかった。彼らは喉が渇くだろうし腹も減る。飲み物はコカ・コーラボトラーズが一括供給する。そのかわり品切れは許さないぞ、と川上社長は戦国時代の合戦のように「下知」するのだった。

1か月も前から客は集まりキャンプをしながら待機した

昭和50（1975）年、吉田拓郎の人気は絶頂だった。同47年発売の『結婚しようよ』は約40万枚のヒットとなり、和製ポップスの原点とも評価された。同49年に拓郎が作曲した森進一の『襟裳岬』はミリオンセラーとなり、その年のレコード大賞を受賞。翌年6月には小室等、井上陽水、泉谷しげるとフォーライフ・レコードを設立している。彼らは流行歌の潮目を変える強力な4人組だった。

フォークソングはメッセージ性の強い歌であり、アメリカのフォークソングの多くにはベトナム反戦の主張がこめられた。日本でもシンガー・ソングライターたちが、プロテストソングとして作詞作曲する曲が多かった。それに対して『結婚しようよ』やかぐや姫の『神田川』などはプロテストが剥《は》がれ落ちた四畳半的な生活実感を歌った。政治的メッセージは生活的情緒に交代しつつあった。

昭和50年には、小椋桂が作詞作曲した布施明『シクラメンのかほり』やダウン・タウン・ブギウギ・バンドの『港のヨーコ・ヨコハマ・ヨコスカ』などがヒット、10月のヤマハ主催のポプコンでは中島みゆきの『時代』がグランプリになっている。流行歌が変化し、ギターを弾く若者たちが大量発生して日本人の音楽性の幅を広げ、これまで歌われることのなかった新しい青春が新鮮なメロディーとリズムで歌われはじめたのである。40万人を集めたアメリカのウッドストック野外コンサートが、日本の野外コンサートの出現を期待させてもいた。

つま恋での徹夜コンサートを後押しする時代的背景はそろっていた。

チケットは春先には完売だった。当時はチケットの販売管理が現在よりも大雑把で指定席を設定できなかったため、いい席(場所)を望む客は先着順の前のほうに並ぼうとした。そのため観客は南ゲート近くの駐車場に1か月も前からテントを張って待機した。当時は新幹線の掛川駅も、東名高速の掛川ICもなかった。東海道線掛川駅から1時間以上の田舎道を歩いて客はぞろぞろとやってくるのだった。

ヤマハがつま恋から撤退しても聖地の精神は今なお残る

南ゲート前駐車場の「テント村人口」は本番1週間前に3000人くらい。3日前には5000人以上になっていた。彼らは周辺の店の食べ物を食いつくし、茶畑の畝《うね》の間に排泄した。女性は近所の農家のトイレを借りた。あちこちに野宿する客が増えていく。農家からは排泄物を始末しろとの苦情が出た。これが本番前の大仕事になった。

「あれは嫌だったなあ」と木下さんは苦笑する。

当日午前9時前にはゲートに1万5000人が並び、正午の開場を午前9時に繰り上げた。観衆が走り込み、広場は夕方5時の開演前からすでに祝祭空間となった。

今、掛川市でパンとケーキの製造販売「アンデルセン」を経営する宮崎周平さん(69)はこの夜、会場でカレーライスを売った。

「食中毒なんか出したら大変でしょ。ご飯を炊いて会場に運び、炊き立てのご飯にレトルトカレーの封を切ってかけるだけの3万食。レトルトは腐らないからね」

拓郎が3回、かぐや姫が2回のステージ、翌朝5時前、コンサートは拓郎の『人間なんて』のリフレインで終わった。

会場の情報掌握に集中していた木下さんはこの夜のステージをまったく見ていない。無事に帰って行く観衆をただほっとして見送った。

その「つま恋」からヤマハが撤退すると発表されたのは平成28(2016)年9月2日だった。各界に衝撃が走った。しかし、つま恋は不死鳥だった。

「つま恋」で開かれた吉田拓郎とかぐや姫の徹夜コンサート(写真/読売新聞社)

年末には「ホテルマネージメントインターナショナル（ＨＭＩホテルグループ）」へ譲渡されることが公表された。さらにＨＭＩは今年４月１日から名前をわずかに「つま恋リゾート彩《さい》の郷《さと》」と変え、基本的にはヤマハリゾートの事業内容を引き継ぐという。

　木下さんはそのまま横滑りしてＨＭＩに移り、同じ仕事を担当する。

　「これまで以上につま恋を盛り上げていきたいですね。私はこの仕事が生きがいですし、つま恋でさらに何ができるかを考えていきます」と静かに語る。

出演者たちが絶対の信頼を寄せる木下晃さん

左宮崎周平さん。掛川市のパン屋さんとして親しまれている 右鵜藤裕里さんは音楽企画などの会社を経営している

　木下さんの経歴のなかに広場の栄光が湛《たた》えられている。音楽業界の財産が「人脈」であることを思えば、木下さん自身が人脈の要を占める宝といえる。木下さんがＨＭＩでも同じ仕事を続けることは日本の音楽界にとって幸運だった。

　木下さんの足元から巣立って現在は音楽企画などの会社を経営する元部下の鵜藤裕理さん（45）は「木下さんとの仕事は楽しかったな。独立した今でも私は教え子です」と語った。

　つま恋が生んだ精神は確実に未来へと引き継がれていく。私たちファンは一安心である。

旅のメモ

交 東海道新幹線掛川駅からタクシーで15分

問 つま恋リゾート彩の郷 ☎0120・244・255

■月刊「旅行読売」2017年5月号掲載

青葉城恋唄

【昭和53年】◎さとう宗幸

広瀬川流れる岸部　想い出は帰らず
早瀬躍る光に揺れていた君の瞳
季節《とき》はめぐりまた夏が来て
あの日と同じ流れの岸
瀬音ゆかしき杜《もり》の都　あの人はもういない

歌の舞台
宮城県
仙台市

ご当地衆そろい踏みで生まれた曲が、広瀬川に流れた

伊達政宗の青葉城。百万都市を巡って滔《とう》々と流れる広瀬川。地元の地名を読み込んだ『青葉城恋唄』は杜の都仙台を象徴する歌として定着した。

広瀬川は青葉城の下を巡って流れる(写真/宮城県観光課)

ミヤギテレビ15時50分からの「OH！バンデス」(月曜〜金曜)は安定した長寿番組である。

平成7(1995)年から、さとう宗幸さんがキャスターになった同番組は仙台弁の夜の挨拶「お晩です」をタイトルにした夕方のワイドショーだ。

仙台の奥さん方はさとうさんの笑顔がいつものように画面に出ると夕ご飯の用意を始め「やれやれ今日も無事に終わるわ」と安心するそうだ。

さとう宗幸さんは、地元の文化人、歌手、キャスターとして絶対的な人気と信頼を得ている。仙台では「宗さん」と呼ぶので、ここでもそうしよう。

「あの頃は全く食えなくて……」

宗さんは『青葉城恋唄』発売の直前、20代中頃のことを振り返る。何よりもライブステージを大事にしていたが、出演料は保証なし、しかも安かった。

「お客さん一人につき500円。小さなライブハウスならお客さん10人、受け取るギャラが5000円。旅費、食費はこちらもち、青ざめる毎日でしたよ」

そんなときに「広瀬川流れる岸辺……」という歌詞に出会う。

「あっという間に曲ができた。10分はかかってない。字余りの歌詞を『杜の都』という言葉に変えて、あとは流れるようにあの歌ができました」

「ご当地ソング」は県庁所在地の数だけあるといえるが、『青葉城恋唄』は作詞（星間船一）と作曲、歌唱が全て地元産。

これほど正真正銘のご当地ソングは珍しいといえる。また昭和53（1978）年の発売以来、推定110万枚の大ヒットとなったうえに、五木ひろし、石川さゆり、フランク永井、八代亜紀など、多くの歌手がアルバムに収録し、スタンダード曲となった例も珍しい。

宗さんは「曲の構成とメロディーがシンプルなのが皆さんに認められた理由の一つでしょうね」と解釈する。

それもある。が、この歌が人々の心をとらえた理由は、その時代の人々が「清らかな自然」を求めていたからではないだろうか、と私は推測する。

失恋や、広瀬川の清流や、杜の都の緑がこの曲をヒットさせたのはもちろんである。しかし、むしろ「川が美しくあってほしいという願い」や「美しかった自然の思い出」が宗さんの歌声によってかきたてられ、歌を後押しする力を生んだのではないかと、私は思うのである。

広瀬川は汚れた下水の川だった 環境保全の時代が歌を待っていた

実は私は仙台で育った。

青葉城で遊び、七夕まつりの飾りを引きちぎっては叱《しか》られ、庭木の多い杜の都のイチジクや柿の実をかっぱらって一目散に逃げる悪ガキだった。

だが、広瀬川は私の子どもの頃は遊泳禁止になるほど汚れた下水の川だった。早瀬には不気味な茶色の泡が浮かび、川床の石には汚染物質がまといついていた。河川敷で転び、膝小僧を擦りむけば必ず化膿《かのう》すると言われた。

それが昭和20年代前半から40年代までの広瀬川だった。

だからはじめに『青葉城恋唄』の歌詞に違和感を持った。冒頭の「広瀬川流れる岸辺」と「瀬音ゆかしき」のあたりの歌詞がどうにも現実の広瀬川に比

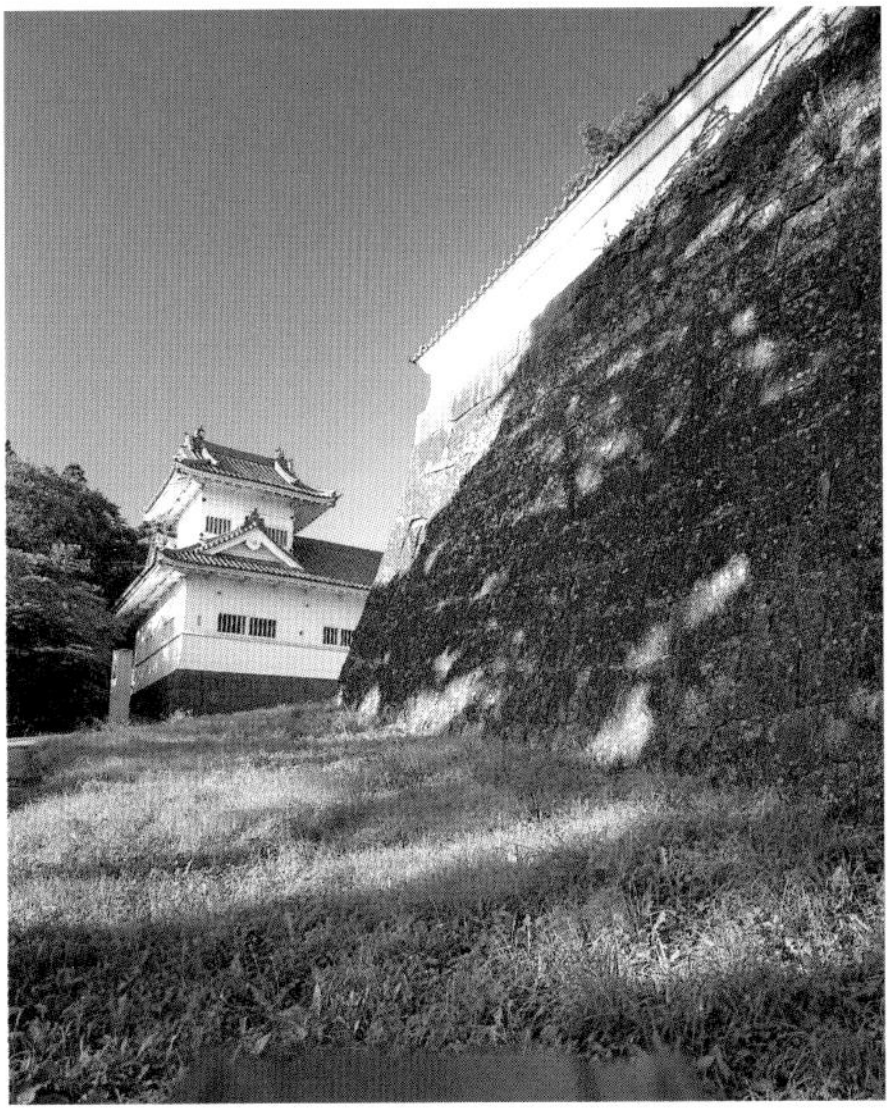
青葉城（仙台城）大手門跡（写真／宮城県観光課）

べてきれいすぎるような気がした。

年配の方に聞けば、戦前の広瀬川は清流に生きるカジカガエルが瀬音に負けぬほど鳴き、アユが上り、ホタルが乱舞する川だったという。

が、カジカガエルもホタルも私の子ども時代には絶滅していた。

たしかにこの歌がヒットした頃から広瀬川は次第にきれいになってきてはいた。しかし、まだ清流といえるほどの水質ではなかったように思う。

この追想は一巡りする。

『青葉城恋唄』発売の数年ほど前、都市を流れる日本の河川はどこでも絶望的に汚染されていた。東京でいえば臭い隅田川、真っ黒の目黒川、下水同然の神田川には、しばしば死んだ魚が浮いた。それがどうにかきれいになっていく時代がこの歌のヒットする昭和50年代の初め頃だった。

経済成長一本やりで破壊された自然環境の回復が求められる時代が到来したのである。そんな時

代の中で『青葉城恋唄』の宗さんの声は、清流を求める願いを唄っていたのではなかったか。

仙台市河川課の資料によれば「杜の都の環境をつくる条例」の制定が昭和48(1973)年、「広瀬川を守る条例」の制定がその翌年である。条例が制定されたのち、徐々に行政施策が実施されるのだから、この時期はまだ広瀬川はきれいではなかったことになる。

上本番前、ミヤギテレビの応接室で語るさとう宗幸さん 下元キングレコードのディレクター、赤間剛勝さん

そして「広瀬川を守る条例」制定の4年後に『青葉城恋唄』が発売される。ようやく清流は戻りつつあった。歌が讃える自然の豊かさが、「瀬音ゆかしい」清流となって帰ってきつつあった。

歌声と現実が重なり合って、美しい和音を奏《かな》でた。

これが仙台で育った私が思い当たるヒットの理由である。

地元の人々の願いがこだまして ヒットにつながった

久しぶりに青葉城に登った。少年の頃から茫《ぼう》々50年の歳月で、仙台市は高層ビルが立ち並ぶ大都会になっている。城山を下りて広瀬川べりを歩く。政宗のお墓のある霊屋《おたまや》橋のあたりは、今も清流が静かに流れていた。「仙台市をホタルの里に」などの市民運動も盛んである。広瀬川は年を追ってきれいになるだろう。

霊屋橋の欄干に身を持たせていた私は知らぬ間に「広瀬川 流れる岸辺……」と口ずさんでいた。インタビューのとき、宗さんに広瀬川の岸辺を歩くと自然にあの歌が出てきちゃいますが、それをどう思いますかと聞いたのだった。すると宗さんは満面の笑みで「ああ、うれしい、それはうれしいことですよ」と答えた。

東京で『青葉城恋唄』の発売を手掛けた元キングレコードのディレクター、赤間剛勝さんに会った。なんと赤間さんは仙台市の北東に位置する利府《りふ》町出身。

「宗さんの歌は最初からいい、と思いました。やさしい率直な歌声です。同郷のよしみで何とかヒットさせたかった」

と赤間さんは言う。作詞、作曲、歌唱、さらにディレクターまで同郷だったとは、奇しき巡りあわせである。

同曲発売のおよそ1か月後、昭和53(1978)年6月12日に宮城県沖地震(震度5、死者28人)が起き、その復興の意味もあって『青葉城恋唄』を仙台駅のホームに流すなどの「応援」が行われた。

ひとつの歌がヒットする場合、いくつかの偶然が作用するというのは定説であろう。が、よく見るとこの歌には、まるで誰かが用意したようにヒットの条件が積みあがっている。

むろん、この解釈はすべて結果論である。しかし、なるほど歌は不思議な生き物である、と感嘆するしかない。

歌詞、曲、歌唱、担当ディレクターの全員がご当地出身、そのそろい踏みで生まれた曲というのが『青葉城恋唄』のもう一つの顔であった。

旅のメモ

交 広瀬川へは東北新幹線仙台駅から地下鉄東西線4分の大町駅下車など。青葉城へは仙台駅からバス20分、仙台城跡下車

問 仙台市観光情報センター ☎022・222・4069

■月刊「旅行読売」2017年6月号掲載

【昭和34年】◎ペギー葉山

南国土佐を後にして

南国土佐を後にして　都へ来てから幾歳《いくとせ》ぞ
思い出します　故郷の友が
門出に歌った　よさこい節を
土佐の高知の　はりまや橋で
坊さんかんざし　買うを見た

歌の舞台
高知県
高知市

追悼ペギー葉山。南国土佐を後にして天へ旅立つ

2017年4月12日、ペギー葉山さんが逝《い》った。これほど土佐人の心情に寄り添った歌手はいなかった。高知新聞は1面、25面、社会面に追悼記事を載せた。

『南国土佐を後にして』の歌碑。堀川跡の池の中に立つ。奥の鋳鉄製の緑の橋は明治時代のはりまや橋

高知龍馬空港は雨。空港からのバスを降りて、宝永町で土佐電鉄に乗り換えた。ガタンゴー、ガタンゴーと路面電車に乗ってはりまや橋着。が、交差して路面電車が走る橋は戦後の建設。その西隣り、赤い木の橋が『よさこい節』に歌われた幕末の頃のはりまや橋(平成10年復元)。その反対側、電車道路の東側の池の中に歌碑が立つ。御影石の歌碑に見入っていると、ペギーさんの歌声が流れた。朝8時半から夜8時半まで、1時間に1回、歌声が流れるという。

電車の音とまぜこぜに若い頃のペギーさんの声が流れる。聞いているうちに悲しくなってしまった。

翌日、「南国土佐の歌碑を建てる会」会長の臼井浩爾さん(74)に会った。

「歌碑は５００円、１０００円という募金が基礎になって建ちました」

そう語る臼井さんがペギー葉山の死を知ったのは、共同通信など報道機関からの電話だった。あっ、と驚いたが、すぐに談話を求められ、答えているうちに悲しみがうやむやになってしまった。

「私は青山学院のペギーさんの後輩なんです。その縁で高知市内に歌碑を建てることになりました。亡くなるなんて、呆然《ぼうぜん》として、電話を切ったあとで、じんわりと悲しみがやってきましてね」

高知市民、企業、経済団体が挙げて建立したこの歌碑（平成24年建立）は、ペギー葉山のひと言がきっかけで建った。かつて「歌碑が五台山にあって寂しそうなの」とペギーさんは語ったという。

高知市の南東、鏡川と国分川が合流するところに五台山がある。実はそこに最初の歌碑（昭和35年建立）がすでに建てられていた。

そこから物語が始まる。

この歌を歌って兵士たちは つらさに耐え、国を想った

『南国土佐を後にして』は、元々高知県出身者で編成された旧日本陸軍二三六連隊（鯨部隊）所属の兵士によって作られ、歌われていた歌で、メロディーは同じだが、歌詞は今とは違っていた。

最初の歌碑建立の主な人々は、この旧二三六連隊から帰還した人々だった。元の歌詞には「中支へきてから幾歳ぞ」「月の露営で焚火を囲み」「俺も負けずに手柄をたてて」などの文節がある。これを採譜し、歌詞と曲に手を加えたのが作曲家武政《たけまさ》英策（昭和57年没、享年75）。周知のように昭和34年にペギー葉山の歌でキングレコードから発売され、大ヒットになる。

「歌碑を建てた皆さんは平和な戦後社会に気を使い、元歌に残る軍隊調の歌詞を歌碑に刻みませんでした。むしろ旧二三六連隊の苦労を忘れまいと歌碑を建てたと推測します。中国各地を転戦して苦労した部隊でした」（臼井さん）

終戦から15年、当時旧二三六連隊からの復員兵は高知県に３０００人いたと推定される。ペギー

葉山は著書「代々木上原めおと坂」に次のように書く(要約)。

『南国土佐を後にして』発売から27年後のあるディナーショーのとき、白髪の紳士がステージに駆け上がった。紳士は旧二三六連隊の帰還兵だった。目に涙をためて紳士はペギー葉山に訴えた。

「敵の銃弾に倒れた戦友を助け起こそうとしたとき、その戦友は何か歌を歌っていました。戦友は、きれぎれに、よさこい、よさこいと、あなたの歌を歌いながら息をひきとったのです」

そう言ったその紳士はどうかもう一度、この歌を歌ってくれと頼み、ペギー葉山はそれに応えて2回歌ったという。

レコード発売の前年、ペギー葉山は高知市から中継された「NHK高知放送局テレビ放送開始記念、歌の広場」で初めてこの歌を歌う。ジャズやポップス系歌曲の好きだった彼女はその頃、民謡の入るこの歌を歌いたくなかったという。しかし、歌い終えたとき、大きな拍手が起きた。高知県の観客はこの歌の由来を知っていたのである。

会場に旧二三六連隊に所属して帰った元兵士はもちろん、戦死した兵士の家族や親類が居ないはず

電車通りの西隣に幕末の頃のはりまや橋が復元されている

左 高知新聞の特集ページを見せて語る北村文和さん 右 歌碑を建てる会の会長 臼井浩爾さん

がなかった。

まさに『南国土佐を後にして』は戦争の悲しみを慰める郷土の歌であった。

ペギー葉山は歌というものの力をこの時初めて経験したといえる。以後、彼女は土佐を第二の故郷と思い、歌と真心を尽くすことになった。

おおらかな土佐っぽによって郷土の歌は歌い継がれる

『南国土佐を後にして』には、民謡『よさこい節』が挿入されることで、もう一つ昔の郷土の物語も盛り込まれている。

幕末、五台山竹林寺の僧慶全《けいぜん》は鋳掛屋《いかけや》の娘お馬を見初める。だが、お馬の心は住職の純信《じゅんしん》へ。それを引き戻そうと慶全はかんざしを買ってお馬に贈る。土佐人は坊さんの恋心を明るく笑ってよさこい節の文句にした。「坊さんかんざし買うを見た」という歌詞は史実だった。

五台山の山頂にある最初に建てられた歌碑

明治元年創業の染物工場を営む4代目北村文和さん(85)に昔のはりまや橋界隈《かいわい》についてうかがった。
「この界隈は江戸時代から商売の町でした。昔の堀川に架かる橋がはりまや橋です。戦前は川もきれいで、潮干狩りもしたし、魚も釣れました。残念ながら昭和40年代(1965年〜)頃から川が汚れました。それで埋めてしまった」

堀川は消え、いまでは親水公園の浅い水の上に橋が架かっている。地元の人に聞くと「糸のもつれとはりまや橋は、どこがハシやらわかりゃせぬ」と笑う。「日本三大がっかり名所」がはりまや橋だといって楽しそうに笑うのだった。ちなみに、「がっかり三大名所のあとの二つはわからん」らしい。

はりまや橋は豪商播磨屋宗徳が造った橋であり、これも史実である。

さらにもう一つの歴史がこの歌に込められた。この歌が発売された頃は集団就職時代の初期だった。「都へ出てから幾歳ぞ」の歌詞をわがことのように思う若者たちが数多く都へ旅立った。

北村さんもペギー葉山の訃報に接してショックだったと悲しむ。

「あれだけの人ですから高知市には昔馴染《なじ》みともいえる人がたくさんいます。私はペギーさんのお子さんのために風羅布《ふらふ》を染めて差し上げました」

風羅布は節句の時に旗竿《ざお》へ掲げる化粧旗。よさこい全国大会の審査委員長を長く務めたペギー葉山に高知市観光協会が贈った風羅布も北村さんが染めた。

取材三日目はよく晴れて、南国の光がまぶしかった。私は空港への帰り道に標高146メートルの五台山に登った。高知市が一望できた。最初の歌碑を見た。なるほど歌詞は刻まれていなかった。

幕末から昭和の戦争の時代へ、さらに集団就職の時代へと幾つもの時代を架け橋する『南国土佐を後にして』はペギー葉山亡き後、郷土の庶民史の歌としても歌い継がれていくことだろう。

旅のメモ

交 はりまや橋へは高知龍馬空港からバスで20分、または高知駅からとさでん交通路面電車で4分のはりまや橋下車。五台山へは高知駅からMy遊バスで25分の五台山展望台下車

問 高知市観光協会 ☎088・823・4016

■月刊「旅行読売」2017年7月号掲載

【昭和24年】●唱歌

夏の思い出

夏が来れば　思い出す　はるかな尾瀬　とおい空
霧のなかに　うかびくる　やさしい影　野の小路
水芭蕉の花が　咲いている
夢見て咲いている　水のほとり

歌の舞台
群馬県
片品村

夏が来れば思い出す、尾瀬を守った男たちの物語

5月下旬から6月上旬、尾瀬は水芭蕉の季節。尾瀬沼を見下ろすヤナギランの丘には、尾瀬の自然を守った長蔵小屋3代の物語が眠っていた。

夏の思い出【昭和24年】

水芭蕉の咲く尾瀬ヶ原と至仏山（写真／片品村観光協会）

尾瀬沼南岸の三平下《さんぺいした》、水芭蕉の花が小川の岸辺に咲いていた。

樹木の間に遅い午後の光が差している。残雪を縫って細い小川が陽の光をきらめかせながら流れ、白い花びらは流れの反射する光を浴びていた。

私が尾瀬に来るのは30年ぶり、3度目だった。これまでは夏の盛りに来ていて、初夏に来るのは初めてだった。水芭蕉の花にやっと出会えたのである。

今回は群馬県側の大清水から入った。今年の尾瀬は20年ぶりの残雪。標高１７６２メートルの三平峠の、上りも下りも残雪の山道である。あえぎ登り、何度も転びながら3時間半、約13キロを歩いて尾瀬沼に着くとすぐに水芭蕉の花を見つけた。疲れた心身に感激はひとしおだった。

尾瀬沼の向こうに雄大な燧《ひうち》ヶ岳《たけ》、標高２３５６メートルが静まっている。尾瀬沼湖畔を長蔵小屋まで歩きながら『夏の思い出』をハミングした。この歌は昭和24（１９４９）年、シャンソン歌手の石井好子がNHKラジオ歌謡で歌ってお茶の間に流れた。その後ダークダックスほか何人もの歌手が歌い継ぎ「愛唱歌」となって私たちの胸を打っている。尾瀬を有名にしたのは『夏の思い出』である。

午後4時半、尾瀬で一番古い山小屋、長蔵小屋へ無事到着。今夜の宿泊客11人が二つのテーブルで質素な山の夕食をとった。味噌汁が空腹にしみわたった。

夕食後、長蔵小屋4代目の平野太郎さん(49)をインタビューした。

「私は3人兄弟の長男で、ごく自然に家業を継ぎました。もちろん曾祖父、祖父、父たちの思いは受け継いでいます。でも、ただ素直に家業を継いだつもりです」

曾祖父からの尾瀬を守る教えと行動は心の底に大事に置いてあるのだろう。

私は太郎さんの父親について尋ねた。3代目平野長靖《ちょうせい》は尾瀬沼近くを通る自動車道路建設計画に反対し、東京ほか各地を奔走する途上で倒れた。享年36。昭和46(1971)年12月1日の夜のことである。

「父をまったく知らないのです。私が3歳のときに父は死んでいますから」

太郎さんは微笑みを浮かべて答えた。

山小屋3代の物語は尾瀬を守る信念で綴られている

登山客とともにあった長蔵小屋3代の物語を要約しよう。

長蔵小屋を大正4(1915)年に開設した初代長蔵《ちょうぞう》は明治3(1870)年福島県桧枝岐《ひのえまた》村まれ。白い髭《ひげ》を伸ばした仙人のような風貌。神官のような態度で登山者へ接した。大正3(1914)年、鬼怒川水力電力会社が尾瀬沼の水利権を得た。長蔵は激しく反対する。大正11(1922)年、関東水電会社が尾瀬ヶ原全体をダムにして水力発電に利用する計画を公表すると、長蔵はまたも猛然と反対した。昭和５（１９３０）年没。享年60。

２代目長英《ちょうえい》は明治36（１９０３）年桧枝岐村生まれ。苦しい暮らしのなかで、昭和９（１９３４）年、今の長蔵小屋の原型となる収容人員１００人の小屋を建てる。この当時、年間宿泊者数は１０００人に満たない。同年「日光国立公園尾瀬地区」になる。長英は穏和な性格で燧ヶ岳などへの新登山道を数多く拓き、尾瀬の植物保護にも尽力した。

戦争で中断していた「尾瀬沼取水発電計画」が昭和22（１９４７）年に再開される。取水反対は長英一人。同24年、取水トンネル落成。尾瀬沼の水位は最大で３㍍も上下し、湖畔の木立が枯れ始める。尾瀬沼南岸に広がる白浜の砂がコンクリートに使われて消滅した。紆余曲折の後に尾瀬沼からの取水は中止された。

さらに昭和38（１９６３）年には新潟、福島、群馬三県による「尾瀬、只見国際観光ルート建設協議

敷地の端に残る最初の長蔵小屋

上 長蔵小屋4代目 平野太郎さん
下 尾瀬沼ビジターセンター 阪路善彦さん

会」が結成され、尾瀬の自然破壊が決定的になりそうだった。

まさにその年、こうした危機を前にして、3代目長靖が跡を継ぐ。長靖は昭和10(1935)年群馬県沼田市生まれ。北海道新聞を退職して尾瀬に帰った。

長靖は必死の思いで自動車道路建設反対運動に取り組んだ。やがて反対運動と環境庁の政策、世論の高まりなどにより、道路建設工事の中止が閣議決定される。森の手前で止まった自動車道路は、破壊の寸前で尾瀬が守られた象徴である。

その頃、尾瀬は人気の観光地になっていた。しかし、水芭蕉の咲く湿原にずかずか入り込む、高山植物を摘み取ったり踏み荒らす、ゴミを捨てる、などの悪質なマナー違反も頻発していた。

一方、この間に尾瀬保存期成同盟を母体にして日本自然保護協会が設立(昭和26年)され、尾瀬ヶ原自然保護を国連に提訴するなどの保護運動も活発になっていく。

あの頃の日本社会は開発か自然保護かの対立が際立っていた。

2代目長英は長生きして昭和63(1988)年没。享年85。

『夏の思い出』を口ずさんで尾瀬ヶ原を歩く熟年登山者たち

翌朝、ヤナギランの丘にある平野家の墓地に参った。長蔵、長英、長靖、3代の墓石が陽光のなかに並んでいた。

36歳の若さで亡くなった3代目長靖は、山小屋経営と道路建設反対運動の二つを引き受けた。冬の小屋仕舞いを終え、夕刻、群馬県片品村へ出ようとした。降りしきる雪は胸まで積もった。通い慣れた道であり、冬山を知り抜いた長靖だったが、翌日、東京で道路建設反対の集会があり、どうしても出席しなければならなかった。無理を承知で登り、三平峠を越えた岩清水で動けなくなった。無理を重ねてきて、ついに体力を使い果たしたのである。遭難というよりも、過労死であろう。長靖は文字通り命がけで尾瀬を守ったのである。

私は墓に一礼して尾瀬保護財団尾瀬沼ビジターセンターに向かった。同センターは尾瀬の自然解説、企画展示ほか、尾瀬の基礎知識とマナーを登山者に提示している。責任者の阪路善彦さん(56)は穏やかにこう話す。

「昨年の入山者は30万人弱。ブームの頃の半分以下です。皆さんマナーをよく守っています。ただし、尾瀬ヶ原の標高は１４００㍍。油断しないで装備はしっかりして下さい。いま観光開発計画はなし。尾瀬は守られています」

沼尻《ぬしり》川沿いの道を下って尾瀬ヶ原へ。残雪に２度ほど転んでゆっくり下り３時間、尾瀬ヶ原の北東部、見晴の山小屋へ到着。ここは熟年登山者でにぎわっていた。三重県鳥羽市の浜口幸子さんは「出発前からずうっと、〝夏が来れば思い出す〟って、歌ってきたの」とさわやかな表情。大阪府吹田市の前枝直美さんも「45年間恋焦がれた尾瀬にやっと来たの。水芭蕉の花も見たし、今年はあと２回来るつもり」と元気な笑顔。水芭蕉は尾瀬ヶ原中央部と北部の東電小屋周辺に咲いていると教えてくれた。

夕日の湿原はまだ冬枯れていた。

翌日、私は尾瀬ヶ原の木道を西へ約16キロ歩いて、標高１５９２㍍の鳩待峠から下山した。素晴らしい山旅だった。

旅のメモ

交 入山口の一つの大清水へは上越新幹線上毛高原駅からバス2時間の大清水下車
問 片品村観光協会 ☎0278・58・3222

■月刊「旅行読売」2017年8月号掲載

【昭和40年】

函館の女《ひと》

◉北島三郎

はるばるきたぜ　函館へ　さかまく波を　のりこえて
あとは追うなと　云いながら
うしろ姿で　泣いてた君を
おもいだすたび　逢いたくて
とてもがまんが　できなかったよ

歌の舞台
北海道
函館市

はるばるきたぜ函館へ、函館の女はいまいずこ

『函館の女』を探しにやってきた男。逆巻く波の海峡を越えて来た男の目が港の灯りに切なくうるむ。この街に生まれた恋の残照は今も松風町を淡く照らす。

北島三郎が高校に通った通学路の八幡坂。付近には歴史的建物が多い

B面だった『函館の女』（作詞・星野哲郎、作曲・島津伸男）は昭和40（1965）年11月の発売後、みるみるうちにA面の『北海道恋物語』を超える人気となり、A面に昇格するや140万枚の大ヒットになった。

まさに昭和40年は北島三郎の飛躍の年だった。3月の『兄弟仁義』、4月の『帰ろかな』とミリオンセラーが3枚も続き、名実ともに北島三郎は歌謡界の第一人者になっていく。

その時代はまた函館市の全盛時代だった。西に基幹企業の造船所「函館どつく」、その足元に広がる飲み屋街の弁天町、その東に繁華街の十字街、青函連絡船が発着する函館駅前から松風町大門にかけての商店街の裏路地にはダンスホール、キャバレー、居酒屋、バーなどがたくさん立ち並んでいた。

函館を支えていたのは漁業。北洋サケマス漁船団の旧大洋漁業（後にマルハ）、旧日魯漁業（後にニチロ、両社は現マルハニチロとなる中核会社）などが全盛期を迎えて久しかった。

「函館どつく」に長く勤務した三川辰雄さん(81)は北島三郎と同い年。「函館どつく」労組の団結会館で往時をしのぶ。

「毎月25日の給料日には正門前に薄化粧した飲み屋のおばちゃんや姉ちゃんたちが飲み代のツケを

左 三川辰雄さん。函館どつく近くの入舟町生まれ 中 山那順一さん。函館西高では北島と同窓 右 竹田恒喜さん。昔は加工業が本業だったという

創業明治19年の赤帽子屋と村上幹男さん

取ろうとつくり笑いで待っていたっけ」

函館市は幕末の開港地。以来、函館山のふもとあたりから町は発展した。市電通り沿いに北東へ移動しながら盛り場が大きくなっていく。

三川さんの時代の「函館どつく」は北日本最大の造船所で従業員は3000人。彼らを迎える弁天町は幕末以来の古い色街だった。

「職場の先輩たちに誘われて、弁天町の角打ち酒屋で二、三杯ひっかけては松風町あたりへ繰り出したものだった」

海の恵みこそが函館の命 イカよ、サケよ、タラよ、ホッケよ

函館の旧市街は坂の町である。

北島三郎は道立函館西高校へ八幡《はちまん》坂を上って通学した。坂のてっぺんに西高がある。この辺りが彼の原風景であろう。

函館西高校の同窓で、1年生当時北島と同じ水

泳部だった山那順一さん（81・元函館市役所助役）は語る。

「西高にはプールがなくて商業高校のプールを貸してもらったりしたけど、アオミドロの水で困りました。彼はよく頑張ったが水泳部は国体の予選で惨敗しまして、翌年には解散でした」

山那さんは北島が硬派の番長格でケンカが強く、当時から歌がうまかったと語り、これだけは言いたいと続けた。

「実は函館山頂上付近に『函館の女』の歌碑を建てようとしたのです。しかし、反対の声が起きて実現しませんでした。その後始末でも北島君の世話になって、彼には申し訳なかったと、無念です。昔から彼は男気のある人物でした」

翌朝6時、函館市水産物地方卸売市場を見学した。驚くほど魚種が多い。本マグロ、ソイ、トラフグ、ホッケ、カレイ、ヒラメ、アンコウ、タラ、フグ、イナダなど、銀鱗が光る。

正午前、観光客でにぎわう函館朝市のどんぶり横丁で「イカウニどん」を食った。透明なイカ、もっこりしたウニ、ああ、うまい。その足で朝市の老舗竹田商店を訪ねた。店先に真っ赤なタラバガニがずらり。代表取締役の竹田恒喜さん（69）が語る。

「あの歌の頃、わが家業も全盛でしたよ。北洋サケマスの出漁前は乗組員でどこの宿屋も満員です。夫婦者や恋人たちが別れを惜しんでいました。私は函館山から出航風景を眺めたことがありました。まさに壮観、何だかわれ知らず悲壮な気持ちになりました」

当時、日ソ交渉で漁獲割り当てが決まる5月初旬が出航だった。湾内に停泊する北洋サケマス漁の1万㌧級の母船10数隻、100㌧未満級の独航船500余隻が一斉に出漁する。花火が打ち上げられ、乗組員の家族、バーや居酒屋の女たち、湯の川温泉の芸者衆、キャバレーのホステス、宿屋の従業員らが総出で見送った。「蛍の光」が流れ、別れのテープが独航船の船尾にまといつく。秋になるまで帰らない船団。ときに独航船は難破することがあった。それは悲壮といっても決して大げさではない出航風景だった。

後ろ姿で泣いていた『函館の女』よ闇に浮かんでは消える

だが、『函館の女』の歌詞に歌われ、昼の雑踏や夜の酔客でにぎわった松風町は今、まことに残念ながら寂しい。

「当時の面影なしです」

創業130年の老舗「赤帽子屋」の3代目村上幹男さん(69)が言った。村上さんの眼には松風町の栄枯盛衰が見えている。昭和40年前後の松風町は「電車通りの歩道には人がいっぱい。酔っ払い、立ち小便、いつも満員の映画館とパチンコ店。若者たちが昼間からうろうろしている街でした」という。

やがて秋、北洋サケマス漁から帰った乗組員たちが胴巻にお札を入れて夜の松風町をのし歩く。厳しい北の海から帰って勇み立つ乗組員たち。

函館朝市の竹田商店にタラバガニが並ぶ

前出「函館どつく」OBの三川さんの話では、独航船は船内に塩ジャケをこっそり隠していたという。出航のときから塩を積み込む。これは母船と独航船との暗黙の約束事だった。いわゆる「ほまち稼ぎ」である。「ほまち」は非正規の臨時収入。独航船は母船に揚げる何百分の一かのシャケを船体の隙間で塩ジャケにし、函館で売りさばいた。

母船は高値のつく東京の築地へシャケを運び、函館にはそれほど水揚げしなかった。地元へ供給されるシャケはほとんどが「ほまち」のシャケだった。それでも十分なほど函館を支える水揚げ量だった。乗組員たちは給料に加えて「ほまちシャケ」の売り上げが収入になった。

それが函館を活気づけた。お金が飲食業にも巡ってくる。そこに流れる北島三郎の明るい熱唱『函館の女』。さぞや心が躍ったことだろう。

私は函館の街をさまよった。『函館の女』とはどんな女なのか知りたかった。やがてはっきりと女性像が浮かんだ。

それは「函館どつく」の正門でツケを取る女であり、岸壁で別れを惜しむ女であり、松風町の夜に働く女であり、朝市で働く女たちの中の一人である。

いま函館のにぎわいは北の五稜郭周辺に移った。母船式北洋サケマス漁業は200海里水域制限が定められた後、昭和63（1988）年に終わった。「函館どつく」は従業員400人に縮小している。

北海道新幹線新函館北斗駅は函館市のさらに北にある。さて、次の時代の『函館の女』が生まれるのは五稜郭周辺だろうか。

松風町の暗い街角で、私はしみじみと『函館の女』を想った。だが、その女は闇の中に浮かんでは消える幻の後ろ姿だった。

旅のメモ

交 函館空港からバス約20分、または北海道新幹線新函館北斗駅から約15分の函館駅下車

問 函館観光国際コンベンション協会 ☎0138・27・3535

■月刊「旅行読売」2017年9月号掲載

横須賀ストーリー

【昭和51年】◉山口百恵

これっきり　これっきり　もうこれっきりですか
これっきり　これっきり　もうこれっきりですか
急な坂道　駆けのぼったら
今も海が　見えるでしょうか
ここは横須賀

歌の舞台
神奈川県
横須賀市

百恵の少女時代が潜む、横須賀の街を歩いた

これっきりですか、という歌詞は、そのまま、百恵への問いかけとなった。流星のように輝いて消えた百恵。横須賀の街には、その余韻が静かに響いていた。

ドブ板通りを歩く外国人は米軍関係者か。バーガー店、バーなどが並ぶ

『横須賀ストーリー』(作詞・阿木耀子、作曲・宇崎竜童)の発売は昭和51(1976)年6月、売り上げ枚数は66万枚だったが、この年、山口百恵は3月に『愛に走って』(46・5万枚)、9月に『パールカラーにゆれて』(47万枚)、11月に『赤い衝撃』(50万枚)と立て続けにヒットを飛ばして不動の人気を得る。

山口百恵は『蒼《あお》い時』という本を書いた。この自著は、芸能ジャーナリズムに虚実取り混ぜて書かれた彼女が、引退(昭和55年)直前に書いた自画像と受け取れる。この本も最終的に344万部もの売り上げとなった。人気絶頂のときに引退した山口百恵の「決心」がいかに当時の人々を驚かせたかうかがえよう。

同書の序章に「私の原点は、あの街―横須賀」とある。私はこの本を手にして横須賀を歩くことにした(以下、表記は百恵、〈 〉の中は同書からの引用)。

百恵は横須賀市立鶴久保小学校卒。不入斗《いりやまず》中学

校在学中に人気テレビ番組『スター誕生!』に応募して準優勝し、翌年デビューする。中学3年生、14歳だった。

横須賀市の山手、神奈川県営アパートに住んでいた百恵が鶴久保小学校に通った道を歩いた。県営アパートから急な坂道を下りて15分ほど。横須賀アリーナの前を通ると小学校の校庭が見えた。風景は激変しているはずだ。〈通学路として利用していた山路、道端のつゆ草〉の景色は失われ、谷の斜面には住宅が軒を寄せるように立っている。不入斗中学校へは山の中を行く近道があったようだが、いまはたどりようもない。が、〈中学校の前にあった新井ベーカリー〉は健在だった。百恵はここの〈揚げソーセージ〉を学校帰りによく食べたらしい。

新井ベーカリーの年配の主人は名前と写真の出るような「取材はお断り」というが、私の質問には気さくに答えてくれた。

「あれは魚肉ソーセージをパン生地で巻いて揚げたやつ。1個15円でよく売れたよ。ちょうど百恵ちゃんがデビューした頃にやめたんだ。魚肉ソーセージではなくて本物のソーセージを食い始めた時代だからね。44年前になるか」

店先にはサンドイッチ、コロッケパンなどが並んでいた。

百恵は横須賀の現実を鋭く捉えた写真集を贈られたことがあった。その印象について〈米軍に入り込まれたことによって仕方なく変わらざるを得なかったあの街の、独特の雰囲気が、その写真の中では、陰となって表されていた。哀しかった。恐怖さえ抱いた。(中略)同じ街が見る人の意識ひとつでこんなにも違う。私の知っている横須賀はこれほどまでにすさまじくはなかった〉と書く。

ドブ板通りを行き交う米兵
昔は危険な、荒れる街だった

横須賀を母港にする米空母ミッドウェイが着い

県営アパートに続く坂道。正面の建物が県営アパート

て乗組員たちが休暇で上陸すると、ドブ板通りはたいそうにぎわった。それが百恵の哀しむ街の光景だった。

「ドブ板通りは、明治の頃からの古い名前なんですよ」

ドブ板通り商店街振興組合副理事長の川口泰弘さん(45)が教えてくれた。

横須賀は歴史が凝縮された港町といえる。一筆書きに書けば、すぐ近くの浦賀にペリー艦隊が来航して尊王攘夷の幕末が始まり、徳川幕府が開設した海軍施設が明治維新後に帝国海軍横須賀製鉄所となる。帝国海軍鎮守府が置かれ、軍港施設が整い、海軍工廠《こうしょう》のドックは建艦当時世界最大級の戦艦陸奥《むつ》を建造。太平洋戦争後に米国海軍が進駐、朝鮮戦争、ベトナム戦争を経て現在に至る。

百恵の原点、横須賀とは日本の近代史と戦後史が煮詰められた軍港なのである。

元々ドブ板通りは、道の真ん中に排水溝のドブが流れる商店街だった。ドブが邪魔になって、製鉄所の端切れの鉄板をドブの上に渡した。それで「ドブ板通り」となった。ドブ板は鉄板なのだった。

川口さんは横須賀ファッションの衣類を扱う「グ

リーン商会」の経営者。店はドブ板通りにある。いま人気のヴィンテージ物も売っている。ベトナム戦争が終わって間もなく感覚の鋭い若者たちが横須賀に通い始める。

「米兵たちの日本趣味は、ジャンパーの背中に描いたドラゴン、タイガー、イーグル、富士山、鳥居。われわれが見れば変な日本イメージですが、それが横須賀ファッションの源流になっています。ヨコスカジャンパー（スカジャン）など、その流れが日本の若者にも受けていく」

百恵の子どもの頃、ドブ板通りは小中学生立ち入り禁止。百恵はドブ板通りの喧噪《けんそう》、酔っぱらった米兵と厚化粧の女たちを見ることはなかったと思われる。

横須賀に育ち、横須賀を想う百恵
あの歌から41年、再来年は還暦

上 川口泰弘さん経営の店の前で
下 小川晃市さんのヘアサロンは老舗の一つ

作詞の阿木燿子もまた横須賀に住んでいた。『横須賀ストーリー』の歌詞は阿木の横須賀暮らしの実感から生まれている。宇崎竜童も阿木の家を何度も訪ねて横須賀を知っていた。「もうこれっきり」という日常語を歌詞にする阿木を宇崎が受け止め、横須賀育ちの百恵が自分の感性で歌う『横須賀ストーリー』は、横須賀の実感を持つ三者が混然となった歌だった。

百恵は阿木、宇崎の『港のヨーコ・ヨコハマ・ヨコスカ』を聞いて感動し、二人に自分から新曲を依頼したという。

『港のヨーコ……』（昭和50年発売、累計販売枚数は100万枚以上)は宇崎の語り「あんたあの娘《こ》のなんなのさ」に〝ヨコスカ〟訛《なま》りといってもよい独特のニュアンスがあった。浮かびあがる米軍の匂いと暗い裏路地。百恵がそこに「原点—ヨコスカ」を感じたのは当然だった。決して二人がヒットメーカーだから曲を依頼したのではなかった。この曲に〝ヨコスカ〟が「あった」から依頼したと解釈してそうはずれてはいまい。

百恵にとって〝ヨコスカ〟は決して楽しいだけの街ではなかった。

百恵の小学時代からの同級生小川晃市さん(59・ドブ板通りでヘアサロンスタジオ・ストリームを経営)は百恵の思い出を語る。

「芯の強そうな静かな子でしたね。テレビで歌っている顔を見ても、子どもの頃と変わっていなかったな」

百恵はステージで当時の少女歌手たちのような「よい子の笑顔」を見せることはなかった。胸の底に何かしら暗い情念があるらしい歌声に、不幸の所在を感じたのは私だけではあるまい。

百恵の父親は〈来る父親〉だった。いつも家に〈居る父親〉ではなかったと百恵は書く。『蒼い時』にはその家庭事情についても長い記述がある。彼女にとっての〝ヨコスカ〟は愛憎なかばする「原点」であり、哀しみに耐えた街といえそうである。

その百恵も58歳になる。百恵はこれまで同窓会に一度も出席していない。「来年は来るかな、ぼくらの学年は還暦だから」と前出の小川さんは笑う。

夕方、今は清潔で安全な街となったドブ板通りのバーで私は一杯500円のウイスキーを飲んだ。米兵たちはビリヤードに熱中していた。

旅のメモ

交 京急本線横須賀中央駅、汐入駅、横須賀線横須賀駅などで下車

問 横須賀観光情報サイト「ここはヨコスカ」(http://www.cocoyoko.net/)を参照

■月刊「旅行読売」2017年10月号掲載

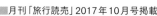

【昭和61年】◉石川さゆり

天城越え

恨んでも　恨んでも　躰《からだ》うらはら
あなた……山が燃える
戻れなくても　もういいの
くらくら燃える　地を這って
あなたと越えたい　天城越え

歌の舞台
静岡県
伊豆市

天城峠をさまよう愛と恨み、女の情炎が山を燃やす

天城峠で旅人は立ち止まり、過去を見返る。殺したいほど愛した男への未練。隧道《ずいどう》から吹き抜けてくる風は木々の梢《こずえ》を震わせ、女の恨みを歌う。

天城山隧道の湯ヶ島方入り口。休憩所があり、観光客が訪れる

『天城越え』(作詞・吉岡治、作曲・弦哲也)は昭和61(1986)年7月に発売され、第28回日本レコード大賞金賞を受賞した。同年のNHK紅白歌合戦での絶唱は、この曲が石川さゆりの新たな代表作であることを示すものだった。しかし、アルバムなどを除く同曲シングル盤の売れ行きは4・8万枚と意外なほど売れなかった。

石川さゆりはその後、紅白歌合戦で『津軽海峡・冬景色』と『天城越え』を一年おきに歌い、知らない人がいないほどの名曲だが、シングル盤発売枚数とは結びつかない不思議な例となった。

湯ヶ島温泉「天城自然ガイドクラブ」代表、杉本文雄さん(68)はこの歌に魅せられ、仕事柄もあって歌詞に歌い込まれた現地を何度も歩いている。

「九十九《つづら》折りの山道を歩きながら、隠れ宿はここだ、走り水はここだと想いを馳《は》せるんです。割れ硝《ガラ》子《ス》も、道端に捨てられたガラス瓶の割れたガラスではないかと思ったりしましてね」

『天城越え』の情念、男の裏切りに怒り、恨みながらも別れられない女の性《さが》と体のほてり。山も大地も燃えているようだと叫ぶ女の嫉妬。あなたを殺していいですか、とは少し背筋が寒くなる。

天城峠に向かって国道414号を南へ走った。旧道に入る手前に浄蓮の滝。川辺に石川さゆりの写真と楽譜つきの歌碑があった。湿気で歌碑は灰色にくすんでいた。さらに南下して左折、旧下田街道の砂利道に入った。坂道をゆっくり上り、天城山隧道(旧天城トンネル)の入り口に着いた。ここが天城峠である。あまりにも有名な隧道を前にして私は初めて来た気がしなかった。

苔《こけ》むした石の入り口から涼しい風が吹き抜けて来る。歌詞では「風の群れ」と表現された風だった。

小さく出口の光が見えるトンネルを歩く。壁を伝う地下水が鈍く光り、路面は濡れていた。向こうの出口まで5、6分ほど歩き、戻った。この峠を無数の旅人が越えたのだった。峠は過去と未来の区切りがくっきり見えるところ。彼らはどんな想いでここを歩いたのだろうか。

2泊3日の合宿で曲が誕生 娼婦の優しさが隠れていた

作詞の吉岡治と作曲の弦哲也、コロムビアレコードのディレクター中村一好の3人は天城の湯ヶ島温泉白壁荘に合宿して『天城越え』を作った。吉岡が作詞に難渋しており、合宿して吉岡を刺激しようと中村が企《たくら》んだらしい。

白壁荘主人宇田治良さん(60)は3人の様子を語る。

「うるさくしてもいい部屋を予約なさいましてね。うるさい、というのは弦さんのギターのことです。3人は旧下田街道を車で行けるかどうか、などを尋ねていました。吉岡さんはあたりをくまなく散歩していました。2泊3日の合宿です」

当時はカラオケブームが本格化しつつあり、誰もが歌える曲を作ろうとする傾向がはっきり見えていた。が、3人は歌唱力のある歌手しか歌えない、むしろ難曲を作ろうとしたという。

宇田さんは松本清張の短編小説を映画化した同名の映画『天城越え』のイメージがあの歌の基調になっているように思うと語る。

工事作業員の男が、天城峠付近で殺された。修善寺温泉の宿から逃げた娼婦が犯人とされたが、犯行を否認し、裁判では無罪。真犯人は不明のまま迷宮入りとなる。40数年後、真犯人は娼婦と下田街道を同行していた少年だったと元刑事が気づく。だが、すでに時効だった。

映画化は昭和58（1983）年。（松竹配給、監督・三村晴彦）。田中裕子が娼婦役で主演。老いた少年役は平幹二朗。

田中裕子は娼婦の自堕落と、しかし、真犯人の少年をかばって口を割らない優しさを体当たりで演じた。真犯人の少年は作業員が娼婦をもてあそんでいると勘違いした。だから作業員を殺した。が、ほんとうは金のない娼婦が藪《やぶ》のなかで商売しただけだった。少年は道連れになった娼婦に淡い慕情を抱き、木陰に隠れて見るふたりのもつれ合う姿を許せなかった。これが殺人の動機である。

一方、少年のうぶな恋心を察した娼婦は渾身《こんしん》の優しさで少年をかばった。

男ずれした女が受けとめた少年の恋心。それに応えた女の悲しい優しさは歌『天城越え』のどこか

深い谷底にある浄蓮の滝

に重なってはいないだろうか。真実の恋を求めて叫ぶ女心の奥には、優しさが隠れている。あるいは女心の裏面に張りつく恨みと優しさは、同じ根っこを持っている。歌『天城越え』は女の哀切さと恨みとを重ね合わせることで名曲になったと私は思う。

湯ヶ島の人々の気質は江戸時代からのワサビ栽培にあり

湯ヶ島から河津町にかけての旧下田街道は文学の道でもある。湯ヶ島出身の井上靖をはじめ、島崎藤村、川端康成、梶井基次郎らの文学碑と、若山牧水、与謝野晶子らの歌碑が点々と立っている。

加えて映画『伊豆の踊子』の主演女優は田中絹代、美空ひばり、鰐淵晴子、吉永小百合、内藤洋子、山口百恵。これだけの小説や短歌、映画の作品が積みあがっているのだから、天城山隧道で私は初めて来たような気がしなかったのだ。

天城自然ガイドクラブ代表、杉本文雄さん

狩野川対岸から見た白壁荘。作家たちに愛された

左白壁荘主人、宇田治良さん 右ワサビ栽培農家、安藤敏男さん

白壁荘当代主人の宇田治良さんは言う。

「白壁荘は昔、学者やゼミの学生、作家先生たちが勉強と仕事のために使う宿でした。井上靖先生、木下順二先生などの定宿です。皆さん自分で缶詰めになって仕事をなさいました」

先代の博司さん（平成6年没、享年70）は湯ヶ島人の気質について「排他性や閉鎖性がなく、宿場のこすっからさもない」と『レジャー観光伊豆半島の旅』に書いた。湯ヶ島の人々は純朴でのんびりしている。先代はその理由の一つにワサビ栽培をあげている。ワサビで儲《もう》けているからゆとりが生まれ、文人墨客たちにそのおおらかさが愛されたという。

そこで翌朝7時、安藤わさび店のワサビ田を見ることにした。主の安藤敏男さん（69）は元JA天城わさび組合長である。安藤さんのワサビ田は総面積1・3ヘクタール。10か所に分散している。

湯ヶ島から国道414号を北へ、吉奈《よしな》温泉から西へ15分ほど林道を入ると沢筋一面に棚場のワサビ田があった。すぐ先の尾根の向こうは土肥《とい》温泉。水温13度の清流。そこへサンダル履きで入った。冷たくて気持ちよい。

採ったワサビを切りそろえる作業は静かに進む。下田街道沿いの人々を江戸時代から養ったワサビは日本一の品質を誇って青々と茂っていた。

安藤さんの粗売上額は年間約3000万円だという。「水と品種と栽培技術。栽培技術は3代目の私でやっと完成です」と手を休めずに安藤さんは語った。

ワサビは水が命だという。天城の山々から湧き出る水は女の愛と恨み、優しさ、踊子の幼い笑顔をも育んできたとはいえまいか。

旅のメモ

交 伊豆箱根鉄道駿豆線修善寺駅からバスで湯ヶ島温泉、浄蓮の滝、天城峠などで下車

問 伊豆市観光協会天城支部 ☎0558・85・1056

■月刊「旅行読売」2017年11月号掲載

矢切の渡し

【昭和58年】●細川たかし

「つれて逃げてよ……」
「ついておいでよ……」
夕ぐれの雨が降る　矢切の渡し
親のこころに　そむいてまでも
恋に生きたい　二人です

歌の舞台
千葉県
松戸市

今は歌を忘れたカナリア、ちあきなおみが歌っていた

駆け落ちする男と女。矢切の渡しの船頭さんは黙って舟を漕《こ》ぐ。江戸川は夕焼けに染まる。茜色の波紋が広がり、愛の彼岸へ舟が行く。

渡し舟は定員30人。客の大半は柴又から乗って往復する

『矢切の渡し』(作詞・石本美由起、作曲・船村徹)は様々な事情を持つ曲である。

昭和51(1976)年、ちあきなおみの『酒場川』のB面として収録されたが長く埋もれていた。その後、女形で人気を得た梅沢富美男の舞踊演目で使われたことなどで次第に人気が出て、昭和57(1982)年、A面に昇格し、再発売されてから広く知られることになった。

だが再発売当時、ちあきなおみは日本コロムビアから日本ビクターに移籍しており、昭和58年に日本コロムビアはちあき盤を廃盤にした。

時を同じくして、同曲は細川たかし、瀬川瑛子、中条きよしらとの競作になり、春日八郎と藤野とし恵のデュエット盤、島倉千代子と船村徹のデュエット盤なども制作された。

その中で昭和57年に『北酒場』でレコード大賞を受けた細川たかし盤がめきめき人気上昇、最終的には累計売上102・5万枚の大ヒット曲となる。

細川たかしは同曲で前年に続くレコード大賞受賞、史上初の二連覇となった。

東京都葛飾区柴又と千葉県松戸市をつなぐ所要時間7、8分、江戸川の「矢切の渡し舟」は渥美清の映画『男はつらいよ』の第1作（昭和44〈1969〉年公開）で、柴又へ帰る寅さんが乗り込んでから知られるようになる。

作詞の石本美由起は昭和58（1983）年の「月刊まつどナウ」で語っている。

「（要約）柴又の寅さん映画と重なって作意が湧いたが、とりわけNHKが『新日本紀行、消えゆく矢切の渡し』というタイトルで放映したのを観て、歌にして残そうと思った」

その番組を観ていた船村徹も石本美由起に作詞を持ちかける。

そこで、親にそむいた男と女が渡し舟に乗って逃げていく想念を書いた、というのが同曲の誕生秘話、伝説である。

だが、石本は矢切の渡し舟を実際には見ずに作詞した。

「渡し舟は対岸まで20、30分はかかるだろうと想像していたが、数分で対岸ということで、先に見ていたら、あの歌謡のイメージは湧かなかった」（同誌）

現実を見なくても良い歌が生まれるという歌謡曲誕生の好例であろう。

大ヒットで取材殺到 船頭さんを疲れさせた

そもそも矢切の渡しが柴又の付属物のように思うのが間違い。矢切の渡し舟は松戸市側のものである。そこで私は松戸市側の江戸川堤防を下りて、木立の中の細い道を歩き、渡し場に着いた。

船頭の杉浦家4代目勉さん（60）が迎えてくれた。今日は5代目に当たる息子の尊さん（25）が艪《ろ》を漕いでいる。

勉さんは愛想よく応対してくれるが『矢切の渡

し』がヒットしてからのマスコミ取材には困惑しているようだった。

マスコミ関係者はときに無礼者だったりする。取材記者やテレビディレクターはドラマチックな話を求めていろいろと注文を出し、取材される方々に迷惑をかける。それが勉さんの困惑の原因だろうと私は推測した。

「親父だって、あの頃まったくやめるつもりはなかったのですよ。それなのに番組を面白おかしくしようと、渡し舟が終わりそうだとやったんです」

えっ、と驚くしかなかった。作詞、作曲の二人はNHKふう脚色の「渡し舟存続危機説」にころりとだまされた。

勉さんはただ苦笑する。

「あの歌が流行ってからは大変でしたよ。細川さんは30回以上来たかな。撮影用のボートが出て、舟の上で歌って、細川さんもあれで大変だったでしょうな」

瀬川瑛子も春日八郎も来た。競作だけにこの渡し場はレコードの売り上げキャンペーンに何度も使われた。歌の人気が生むにわか狂騒曲であった。年間2万人ほどだった利用客が、20万人に急増し、渡し場には長蛇の列ができた。当時の船頭さんである先代正雄さん(平成21年没、享年85)は、松戸市初の市民栄誉賞を受賞する。正雄さんは取材の応対にほとほと疲れたらしい。今、勉さんは本来の「矢切の渡し」について静かに語る。

「江戸時代から松戸側の農家が柴又側へ農作物を持って乗る交通手段です。また柴又の土手は桜の名所。花見客でたいそうなお客さんでした。庚申《こうしん》さまの例祭にもこの舟で行き来したのです」

江戸時代の江戸川は舟運の盛んな川であり、銚子の魚や、江戸からの米や日用雑貨などが運ばれ、水戸街道の通る松戸宿はその集散地だった。江戸川には40か所もの渡し舟があり、ここはその一つだった。史実から言えば、親に背いた駆け落ち者が乗る渡し舟とはだいぶ違う。

ヒット曲の狂騒が過ぎ去り 渡し舟は静かに川面をすべる

つぶやくような、それでいて恋の願いを強く込めるちあきの『矢切の渡し』には、祝福されない恋の哀しみが切々と表現されていた。細川たかしの同曲がミリオンセラーになっても、有線放送リクエストではちあき盤が常に1位だった。

本命のちあき盤が消え、それによって細川盤に光が当たり、その結果細川盤が大ヒットしたと私は解釈する。

ちあきの移籍の動機は詳しく知られていない。俳優郷鍈治《ごうえいじ》との結婚(昭和53〈1978〉年)後、ちあきは郷鍈治のすすめもあって「ヒット曲を追わず、自分が歌いたい歌を歌う」と決意する。これが移籍の動機に通じるだろう。この業界では必ずしも歌手本人の歌いたい歌を歌えるわけではなかった。

その後、ジャズ、シャンソン、ポップス系、ポルトガルのファドなどを歌い、ジャズ歌手「ビリー・ホリディ」を演じかつ歌う一人芝居の成功などが彼女の願いのありかを示している。

が、平成4(1992)年、最愛の夫が肺がんで死んだ。ちあきは棺にしがみついて「私も一緒に焼いて」と号泣した。その後、休業状態のちあきは、歌を忘れたカナリアのように息をひそめている。私には渡し舟に乗って夫の住む彼岸へ旅立ったかのように思えてならない。

狂騒が去った今、松戸市議で矢切地区風致保存会、会長深山能一さん(63)らはＮＰＯ「やきり倶楽部」を立ち上げた。

矢切の渡し場から堤防を上り、すぐ眼下に見えるのが深山さんたちが力をこめる「野菊の蔵」である。土・日曜には芝内健治さん(60)らボランティアが松戸産の農産物やパンなどの加工品販売を担当し、矢切の歴史も展示している。

5代目尊さんはのんびりと寡黙に艪を漕ぐ

上 先祖は農家だったらしいと4代目、杉浦勉さん
下 野菊の郷の田園散歩へどうぞ、と深山能一さん

「松戸市はこれから静かな野辺の道を楽しむ観光散歩に力を入れます。矢切の先の田園は野菊の郷《さと》なのです」と深山さんは語った。

伊藤左千夫の小説「野菊の墓」の舞台がここ。文学碑もある。だから古い土蔵を移築して「野菊の蔵」と命名した。

矢切の渡しの渡し賃は片道200円。10時から16時まで往来する。冬期は土・日曜、祝日だけの営業になる。柴又からの舟を降りて小1時間ほどの散歩で矢切の田園を満喫できる。

私は矢切の渡し舟に乗った。そよ風が吹いた。空高く、舟はのんびりと進んだ。

旅のメモ

交 常磐線、新京成線松戸駅、北総線矢切駅、京成金町線柴又駅などで下車
問 松戸観光案内所 ☎0047・703・1100

■月刊「旅行読売」2017年12月号掲載

奥飛騨慕情

【昭和55年】 竜鉄也

風の噂《うわ》さに　一人来て
湯の香恋しい　奥飛騨路
水の流れも　そのままに
君はいでゆの　ネオン花
あゝ　奥飛騨に　雨がふる

歌の舞台
岐阜県
高山市

奥飛騨に流しの演歌師の歌声が流れ行く

奥飛騨のいで湯の谷で噂を聞いたと人のいう。噂信じて今日も来た。どこかに居るはずあの女《ひと》は。尋ね歩けば慕情の雨が、肩にしとしと濡れかかる

『奥飛騨慕情』の歌碑の前に立つ美津枝さん

『奥飛騨慕情』（作詞・作曲・歌、竜鉄也）は昭和55（１９８０）年6月の発売以来、推定２７０万枚以上の大ヒット曲となった。盲目で無名の歌手が歌う哀切な調べは人々の胸を強く打った。翌年、第14回日本有線大賞、第23回レコード大賞ロングセラー賞をそれぞれ受賞し、第32回ＮＨＫ紅白歌合戦に出演する。

竜鉄也は平成22（２０１０）年12月28日、クモ膜下出血の療養の後、波乱万丈の人生を閉じた。74歳だった。

福地温泉の旅館・湯元長座《ちょうざ》の主人小瀬慶孝さん（53）は、「訪れる客は１００倍以上に増えたでしょう。あの歌は奥飛騨温泉郷全体のイメージを決めてしまったのです」と語る。

北アルプスの西側の谷間に抱かれた平湯、福地、新平湯、栃尾、新穂高の五つの温泉が奥飛騨温泉郷である。

私が訪れた日、奥飛騨は雨だった。山々は雲に隠れ、谷底から霧がわき、木々は雨に濡れていた。

その前日、私は高山市に住む竜鉄也の妻の美津枝さん(83)を訪ねた。私の取材を美津枝さんは満面の笑みで受けてくれた。竜鉄也は語り下ろしの自著「手さぐりの旅路」(平成2〈1990〉年、改訂版、恒友出版刊)を残している。この自伝と美津枝さんの思い出、さらには竜の無名時代からの友人で演歌師の米子偲《しのぶ》さん(87)の記憶で以下の物語を綴《つづ》っていこう。米子偲さんは竜鉄也の業績を記念する竜鉄也慕情館と棟続きの美津枝さんの家に少し遅れて顔を見せた。

竜鉄也(本名・田村鐵之助)は奈良県吉野郡の生まれ。岐阜県高山市へ転居したのちに麻疹の後遺症のため14歳で失明する。だが、岐阜県立盲学校在学中に手術によって右目の視力が少し回復し、柔道などのクラブ活動を楽しんだ。盲学校卒業後、高山市で「田村治療院」を開く。

しかし、26歳のとき、棚から落ちてきたマンドリンが右目に当たり完全に視力を失う。失明からの回復と二度目の失明。このつらい体験が竜鉄也という男を鍛え、不屈の精神を養ったようである。

自費制作のレコード1000枚 そこから出世物語が始まる

竜は独学でギターを練習し、後には月賦でアコーディオンを買い、猛練習でものにする。歌もアコーディオンも素人の域を超え、マッサージ師たちの会合などで弾き語りを披露した。たまたまその歌を聞いた流しの演歌師島尻勇喜(故人)が、仕事を手伝ってくれと頼んだ。この経験が竜の心に火をつけた。「暗黒のかなたにかすかな灯火が見えるような感じがして、本格的に歌をやって行こうと思った」と竜は回想している。

こうして「流しの演歌師竜鉄也」が誕生する。一口に「流しの演歌師」と言っても仕事は悲喜こもごも。思わぬご祝儀に喜ぶ夜もあれば、一銭にもなら

竜鉄也慕情館に展示されている愛用の楽器

福地温泉湯元長座、小瀬慶孝さん

往年の名調子を披露する米子偲さん

ず途方に暮れる夜もある。盲目の竜を馬鹿にする半端な極道者もいた。竜は柔道の技で半端者を投げ飛ばした。

米子偲さんは言う。

「竜さんと私、竜さんの目の代わりをする星健二との三人で朝日町あたりの居酒屋、バー、スナックのドアを押しては一曲いかがですか、とやるのです」

三人はお互いに、鉄っちゃん、健ちゃん、偲さんと呼び合う仲。その頭文字をとって「TKS楽団」を結成し、高山の飲み屋街からホテルの宴会などへ進出した。しかし、その頃から流しの演歌師は次第に減り、気がつけば島尻勇喜と竜たち三人だけになっていた。

偲さんが提案した。

「苦しくてもなんとか金を貯めて、自費でレコードを出そうじゃないか。そうやって稼《かせ》ぎの土台を作ろうよ」

偲さんは東京・渋谷で飲み屋街を流して歩いた

経験があった。音楽関係者も知っている。『奥飛騨慕情』はすでに竜の看板の歌だった。苦労の末、経費60万円、1000枚のレコードが出来た。

吹き込みを終えた夜、三人は手をとり合って居酒屋で泣いた。竜鉄也38歳、健ちゃんこと星健二(故人、享年81)38歳、偲さん42歳だった。

三人は『奥飛騨慕情』というレコードなのだから奥飛騨温泉郷で売ろうじゃないか、と新平湯温泉にやって来た。スナックや居酒屋を流して回る三人組は人気だった。レコードもわずかに売れたが、それ以上の反響はなかった。

その姿を新平湯温泉でスナックをやっていた美津枝さんが見ていた。

「大事そうにレコードを持って店に来て、飲みながら話し込む三人の眼がきらきらして素晴らしかった」

この出会いが竜のその後の人生を決めることになった。

悩んだ末に深夜の駆け落ち 酒場開くも、わが家から出火

仕事がひと区切りして健ちゃんと偲さんは高山へ帰ったのに、竜は民宿を営むスナックの2階の部屋でぐずぐずしている。足元、手元の世話をしているうちに、美津枝さんの胸はキューンとなった。

「竜鉄也の杖《つえ》になると決心してしまったの」と美津枝さんは顔を赤らめる。

竜も惚《ほ》れたが逡巡《しゅんじゅん》した。竜は治療院を開いたときに結婚しており、二人の子がいた。が、この時は離婚して独身。悩んだ末に二人はなんと駆け落ちを決行する。

この時、美津枝さんは40歳。三人の子を持つ母親であった。真冬の深夜、二人は美津枝さんの異母弟が運転する車に乗って郡上八幡《ぐじょうはちまん》に向かった。その夜は吹雪。二人の姿を見る人はいなかった。

二人は郡上八幡で所帯を持った。後に援助者の

力添えと借金で、「呑竜《どんりゅう》」という歌謡酒場を開店した。

だが、その「呑竜」が火事になる。火元は「呑竜」の2階だった。火元がわが家とはこれまで世話になった方々に申し訳ない、死んでお詫《わ》びをする、と竜は炎に飛び込もうとした。美津枝さんが「私を残して死ぬなんて許さない」と竜を外に引っ張り出した。火事は2階を焼いただけで消し止められた。昭和54年2月21日朝のことであった。

郡上八幡の人々が苦境の竜に救いの手を差し伸べる。中日新聞は昭和54年11月9日付夕刊社会面ぶち抜きの記事を掲載した。「生きる」という大見出しに「盲目の演歌師・竜鉄也さん―暗い運命に必死に耐えて」という記事である。

この記事が話題となり、さらに話題の輪が広がり、大きな波になって『奥飛騨慕情』が世に出るのである。

竜鉄也は浮き沈みの激しい人生を生きた。が、その原点は「流しの演歌師」である。今、TKS楽団三人組のうち、健在なのは偲さんだけになった。

偲さんに飲み屋街の朝日町を歩いてもらった。休憩で居酒屋に入るとギターを弾いて『兄弟仁義』を歌った。店のお客さんから拍手がきた。張りのある声はまったく衰えていない。誰ですか、という客の声に、偲さんは目を細めて名乗りの文句をギターに乗せた。

「いろいろありまして、ちりめん三尺ぱらりと散らし、姓は米子、名は偲、お見かけ通り、旅修行中の未熟者です」

言い終わって偲さんはうまそうにビールを飲み干した。

旅のメモ

交 バスタ新宿から高速バスで4時間30分。または篠ノ井線松本駅下車バス1時間30分、高山線高山駅下車バス1時間。いずれも平湯温泉下車

問 奥飛騨温泉郷総合案内所 ☎0578・89・2458

■月刊「旅行読売」2018年1月号掲載

【昭和61年】 吉幾三

雪國

逢いたくて　恋しくて　泣きたくなる夜
そばにいて　少しでも　話を聞いて
追いかけて　追いかけて
追いかけて…　雪國

歌の舞台
青森県
五所川原市

吹きすさぶ津軽の地吹雪。雪国の春は遠い

『雪國』の歌詞に地名はない。しかし、吉幾三にとって雪国とは生まれ育った青森県津軽地方である。津軽の雪は横に降る。津軽人は遠い春を待ちわびる。

風が吠える地吹雪の中を走る津軽鉄道のストーブ列車（写真／伊藤岳志）

『雪國』（作詞・作曲・歌、吉幾三）は昭和61（1986）年2月発売以来、次第に売れ始め、オリコンで1位、シングル盤60万枚、アルバム収録などを加えれば推計でシングル盤換算100万枚以上に匹敵する大ヒット曲となる。吉幾三は同年のNHK紅白歌合戦に出場し、中学生以来の念願を果たした。

中学卒業後、父親の反対を押し切って吉幾三は東京へ出る。作曲家米山正夫に師事し、なんとしても歌手になろうと苦闘した。アイドル歌手山岡英二の芸名でデビューしたが売れず、吉幾三と芸名を変え、『俺はぜったい！プレスリー』（昭和52年発売）がオリコン21位となるが、その後また低迷し、『俺ら東京さ行ぐだ』で復活した。次にこの『雪國』によってコミックソング歌手から演歌歌手への転身に成功する。その後は千昌夫、五木ひろし、山本譲二らへ曲を提供する作詞作曲家としても傑作を連発し、また俳優、バラエティー番組での滑稽な役どころなどの活躍は知られる通りである。

思えば「テレビもねえ、ラジオもねえ、電話もねえ」と歌う『俺ら東京さ行ぐだ』には故郷津軽への屈折した哀惜が流れている。そして『雪國』にも津軽への望郷が込められている。津軽を想う吉幾三の心情は一貫して変わらない。

津軽の冬は厳しい。津軽平野を吹き渡る風と吹雪は地を走り逆巻く。津軽は湿ったぼたん雪がしっぽりと降る優しげな雪国ではなかった。

11月末、私はストーブ列車で知られる津軽鉄道に乗って五所川原から北へ向かった。水田は薄く雪化粧していた。津軽の冬は始まっている。約20分で作家太宰治の生家・斜陽館で有名な金木《かなぎ》駅に降りた。

タクシーで『雪國』がヒットした翌年の昭和62年に吉幾三が建てた津軽御殿を見に行く。

なんだこれは！　私はたまげた。ホワイトハウスとも呼ばれる彼の家は薄日差す雪景色のなかに白く輝いていた。なにか異様だった。冗談か？　しかし、故郷に錦を飾ったのだからこうなるか。

私は口をあんぐり開けてしばらく眺めた。どこか奇妙な白亜の館だった。この家を建てた吉幾三の気持ちと背景、津軽の風土と津軽人の人情とをあわせて考えなければ吉幾三という人物をとうてい理解できない。そんな予感があった。

見栄を張り、金があるふりをして訳知り顔 これが津軽三ふり

私は父の転勤で子どものころ弘前市に住んだ。わずかに津軽弁が分かる。

津軽弁で「じゃわめぐ」とは心が「ざわめく」という意味である。

私の胸は津軽御殿を見てじゃわめいたが、さらに平成3年に地元に建てた「いくぞうＨＯＵＳＥ」を見てますますじゃわめいた。ログハウスふう豪壮巨大な建物が広い駐車場を前にして威張っていた。吉幾三はこのハウスでタレントショップを平成18

年まで営業したが、いまは休業しているという。

いくぞうHOUSEは「これでどうだ、たまげろ」と言っているように見えた。子どもっぽい自慢。笑ってしまった。

吉幾三の津軽への想いは、歌もさることながら、

五所川原市金木の津軽御殿。別名ホワイトハウスに人けはない

この二つの偉大な?建物が物語っているのではないか。しかし、一種の謎だった。

金木町のNPO「かなぎ元気倶楽部」専務理事で、津軽三味線会館の館長伊藤一弘さん(63)は、にんまり笑って私の疑問に答えた。

「吉幾三さんの胸にたっぷりあるのは津軽人の三ふり根性ですよ。えふり、あるふり、おべだふりが津軽三ふり」

伊藤さんの解説を要約すると「えふり」はええかっこしいの見栄っ張り、「あるふり」は無理をしてでもお金などがある、ふりをすること、「おべだふり」は直訳して「覚えたふり」で知ったかぶりのこと。つまり吉幾三は「津軽の三ふり」を三つとも濃密に持っていることになろうか。津軽人はお互いに笑い合って三ふりを許すという。だからあの二つの建物を笑ってもいいわけである。

伊藤さんは続けて津軽の冬を語った。

「深い雪ではバスも止まるはんで、ここから北は

乗り合い馬そりです。私より二つ年上の吉さんは馬そり時代を知っているはずですよ。なにしろ春が待ち遠しい。冬に耐えている間にいろんな感情が煮詰まって、濃くなってしまう。津軽の三ふり根性は冬に煮詰まるのです」

津軽の冬の風物詩「凧《たこ》あげ」も、えふり根性の発露かもしれない。凧絵師で五所川原津軽凧連合会長外崎勝博さん(66歳)は凧をあげる気持ちを語る。

「どんだ、おらの凧見てけ、ほらほら見てけってね。いくら凧があがっても、誰も見ていねばマイネじゃ(だめだ)」

冬に耐えればやがて輝く春が来る。この季節の変化に心をじゃわめがせて幾三少年は育った。いや、津軽人は皆そんなふうに育つのであった。

津軽平野に父を呼ぶ幾三少年の声が聞こえた

津軽の音楽的風土を語るのは津軽三味線まんじ流家元で津軽三味線全国協議会理事長の工藤満次さん(74)である。

「津軽三味線は数多い先輩方の苦心工夫と稽古で今日に至り、いまも発展し進化しています。津軽三味線は津軽人の心情をかき鳴らすのです」

幕末に始まり、１９７０年代には高橋竹山《ちくざん》などに引き継がれた津軽三味線は日本全国に広まり、いまや金木町の三味線会館で開催される全国大会には６００人もの名人上手が参加する。

そして何よりも幾三の父親鎌田稲一(平成3年没、享年78)の存在がある。

鎌田稲一は戦前の東北民謡大会名人戦(東奥日報主催)で3連覇を果たすという誰もが認める民謡の名人だった。幾三少年は父親が唄うときにはついて回り、父親の唄を全身で聴いて育った。稲一は名人ではあったが農家の堅実な生活を守り民謡歌手のプロにはならなかった。幾三の歌手志望に一時期反対した稲一だったが、のちに幾三の成功を喜んだ。一緒に舞台に上がることもあった。吉幾三は父親っ子である。

「親父にはおそらく一生勝てないかもしれない。歌う態度がまっさらで、お客の受けを狙わず、まっすぐな気持ちですっと歌うんですね。そういうところが親父にはかなわない」(津軽三味線会館の展示パネルより)

左 吉幾三の信頼厚い、地元代表半田秀美さん 中 外崎勝博さんは凧絵を習い、自分で描くほどの凧あげ大好き人間 右 工藤満次さんは中学校講師としても後進の育成に力を入れている

五所川原市「吉幾三コレクションミュージアム」館長の半田秀美さん(58)は「半ちゃん」と呼ばれるほど吉幾三に信頼されているが、何度も招待された吉幾三のコンサートについて半ばあきれて語った。

「なんぼ金がかかったのか、新宿コマ劇場の天井いっぱいに星空を光らせてみせたり、笑わせ泣かせ、しんみりさせての大奮闘ですよ」

まさに津軽の三ふりである。そうせざるを得ない津軽人の根性である。

吉幾三は津軽を背負って頑張ってきたのだった。彼の雪国、津軽への望郷の想いに重なる汗だくの奮闘だった。

私はまっさらな気持ちで声援を送る。ますますけっぱれっ。

旅のメモ

交 北海道新幹線新青森駅からバス約1時間の五所川原駅前下車、津軽鉄道津軽五所川原駅から約20分の金木駅下車など

問 五所川原市観光協会 ☎0173・38・1515

■月刊「旅行読売」2018年2月号掲載

【昭和50年】●五木ひろし

千曲川

一人たどれば　草笛の
音いろ哀しき　千曲川
よせるさざ波　くれゆく岸に
里の灯ともる　信濃の旅路《たび》よ

歌の舞台
長野県
千曲市

作詞家山口洋子の憂愁が『千曲川』を生んだ

作詞家の山口洋子は銀座高級クラブ「姫」のママ、直木賞作家と多才な顔があった。千曲川湖畔の戸倉上山田温泉での休日は、しばし心休まる時間だった。

千曲市を流れる千曲川。流れの川面にさざ波が浮かぶ

『千曲川』（作詞・山口洋子、作曲・猪俣公章、売り上げ45万枚）は、五木ひろしが同年のＮＨＫ紅白歌合戦で初めて白組のトリをとった歌である。

五木ひろしはすでにヒット曲を連発し、レコード大賞も受賞して人気、実力ともに盤石の地位を得ていた。

作詞家・作家山口洋子（平成26〈２０１４〉年没、享年77）もまた誰もが認めるヒットメーカーであり、輝くばかりの才能で歌謡界を席捲《せっけん》していた。

歌手五木ひろしと、作詞家山口洋子にとって残る権威と名誉は紅白で白組のトリをとることだった。当時の紅白歌合戦で「トリ」をとる歌手は最高の歌手であり、そこで歌う歌は、ただレコード売り上げ枚数が多いだけではなく、品格のある「名曲」でなければならなかった。

山口洋子は五木ひろしに白組のトリをとらせようと決心したといわれる。そのために堂々たる「名曲」を作りたい。その曲の歌詞を書きたい。いくつかの構想が浮かんでは消えていた。そのとき、猪俣公章作曲、星野哲郎作詞の『笛吹川夜曲』を耳にした。それは落ち着いたワルツ曲で、山口は曲に惚《ほ》れ込んだ。が、その曲は新人春日はるみ(後の川中美幸)の曲として発売が決定していた。山口は猪俣公章に、その曲に自分が新たに作詞する歌詞をつけて五木の新曲にすることを提案する。提案というよりは半ば強引な横取りだった。猪俣公章は何度も断ったが結局断り切れず、ついに山口の注文に応じた。こうして『千曲川』が誕生し、五木ひろしは白組のトリをとったのである。この執念には舌を巻く。山口洋子はなぜ『千曲川』のメロディーにこれほど執着したのか。

私は長野県千曲市の戸倉上山田温泉にある「山口洋子 千曲川展示館」に向かった。

山口洋子は自著の中で自分についての記述も残しているが、展示館で彼女の遺品や実生活の記録を見ながら彼女の『千曲川』への強い執着の正体を探りたいと思った。戸倉上山田温泉は長野市と上田市の間、千曲川の畔にある。その日は真冬にしては暖かな日だった。

家族愛への渇望を隠し強く生きたい女の意地

「山口洋子 千曲川展示館」は上山田温泉株式会社社長、中央ホテルを経営する小平悟朗さん(76)らが山口洋子の秘書・杉浦茂樹さん(69)の依頼で平成29(2017)年6月に設立したものである。

「山口さんはお祭りや花火を土地の者と一緒に楽しんでいましたよ。有名人らしくない、気さくな方でした」(小平氏)

彼女が戸倉上山田温泉に来たきっかけは『千曲川』の歌碑を建てる件で当時の観光協会長が山口に頼みに行ったからだった。それ以来、山口洋子はこの地を「第二のふるさと」と言い、よく訪れた。

展示館には、年表、生前の書斎、受賞曲のトロフィー、著作の本、お気に入りだった野球のグローブ形ソファなどが展示されていた。

面白い記事があると、小平さんが教えてくれた。山口と親交の厚かったデイリースポーツ紙記者軽尾寛久氏が同紙に連載した山口洋子の実録記事である(平成29年7月11日からの連載)。

それによると山口は「名古屋の老舗料理店の跡継ぎだった父親が家の外で作った子」だった。遠い親戚にあたる養母キヌに育てられた。京都に疎開して女学校に進学し、貸本屋で日本文学の名作を借りてはむさぼり読む文学少女だった。が、学資が続かず一年で京都女学校を退学する。この時期は荒れてかなりの不良少女だったという。

この後、東映ニューフェイスに応募して合格。病弱な養母とともに上京して二間のアパートで生活する。しかし、女優としては芽が出ない。19歳のとき、生活費を稼ぐために銀座八丁目でクラブ「姫」を始めた。開店資金300万円は「親子の縁を切るから」と顔もよく覚えていない実父に切り出して得た金だった。クラブ「姫」は銀座屈指のクラブとなり、作詞家の道も開け、直木賞作家にもなった。

軽尾寛久氏は書く。

「彼女の心の深層には家族愛への渇望があった」「幼年期の父との別れ。(中略)金と名声を得た人生だ。(しかし)心にあった空虚なものは埋まっていたのだろうか。それを思うと切ない」

荻原光太郎さんは荻原館社長。戸倉上山田温泉の歴史にも詳しい

左 島崎藤村記念館の館長川原田雅夫さん
右 山口洋子千曲川展示館で、思い出を語る小平悟朗さん

山口洋子は温かい家庭を求め、心の中で泣きながら走っていたのかもしれない。

名曲誕生の隠れた動機
島崎藤村の詩に共鳴

戸倉上山田温泉の旅館、荻原館社長荻原光太郎さん(61)は語る。

「山口先生は出版関係の方々を招待して、カラオケもやればダンスをすることもありました。酒は弱かったな」

千曲川を見下ろす万葉公園に立つ『千曲川』の歌碑を見た。歌碑の裏面に山口洋子自筆の文章が刻まれていた。

「こののどかにも雄大な千曲川を眼《ま》の当りにしては、かえって(詞作に)あれこれと試行錯誤があったのではないかと思う」

山口洋子は『千曲川』の作詞の前に現実の千曲川を見ていない。島崎藤村の「千曲川旅情の歌」のイメージだけで『千曲川』を書いたのだと碑文にある。

『千曲川』の歌碑は河畔の万葉公園にある

そう思って見れば『千曲川』の歌詞にある浅間山の描写や、はるかに遠い都、草笛などの言葉は、藤村の「千曲川旅情の歌」の「暮れ行けば浅間もみえず」「歌哀し佐久の草笛」に響き合っている。

碑文で山口はまた、この川を「日本の詩情のふるさと」と言い切り、「その詞を存分に書かせてもらった幸せを、いましみじみと噛《か》みしめている」と書いている。

山口洋子は島崎藤村の詩のどこに共鳴したのだろうか。私はしなの鉄道に乗って小諸《こもろ》に向かった。小諸城址懐古園内にある島崎藤村記念館館長の川原田雅夫さん(67)はこう話す。

『千曲川旅情の歌』は高校の国語教科書に載って、暗記させられた人が多い。雲白く遊子悲しむ、と来た人が想い出して口にするのです。詩の基調は憂愁でしょうか。歌哀し佐久の草笛ですよ。島崎藤村は学問のため小さい時に親元を離れ東京に出ます。14歳のときには実家は火事で焼失、父親は狂死します。教え子に恋をしたことを道徳的に悔いて小諸に来ました。その頃の憂愁が『千曲川旅情の歌』となりました。藤村は家庭的な愛にめぐまれていません」

そうか、と思った。島崎藤村もまた、家庭的な愛情に乏しく育った。山口洋子と藤村の共通の心情は「家族愛への渇望」であろう。山口洋子は藤村の孤独、哀しみ、憂愁を感じとっていたに違いない。いつか自分も、家族の愛を求めて得られない心情を詞に書こうと思っていたのではないか。

それができそうなメロディーに出逢い、奪い取るようにして自分の詞を書いたのだろう。五木ひろしにトリをとらせたい、というのは、表面の理由のように思えた。

私は藤村の詩にある「小諸なる古城」の石垣に立った。千曲川は眼下に流れていた。山口洋子は胸に巣くった空虚を埋めようとして阿修羅のように生きたのかもしれないと思った。千曲川のいざよう波が夕日に光っていた。哀しかった。

旅のメモ

交 山口洋子 千曲川展示館へは、長野新幹線上田駅でしなの鉄道に乗り換え、戸倉駅下車。島崎藤村記念館へは、しなの鉄道小諸駅下車

問 信州千曲観光局 ☎026・261・0300

■月刊「旅行読売」2018年3月号掲載

北国の春

【昭和52年】◉千昌夫

白樺　青空　南風
こぶし咲くあの丘　北国のあゝ北国の春
季節が都会では　わからないだろと
届いたおふくろの　小さな包み
あの故郷へ　帰ろかな帰ろかな

歌の舞台
岩手県
陸前高田《りくぜんたかた》市

『北国の春』は災害からの復活を誓う歌になった

千昌夫の故郷は「奇跡の一本松」で知られる陸前高田市。津波で失われた故郷では、復旧工事が終わる「春」を待ちながら、人々は明るく耐えて暮らしていた。

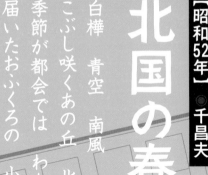

高田松原の奇跡の一本松は防腐加工されて残った

『北国の春』(作詞・いではく、作曲・遠藤実、推計売上300万枚以上)は、空前の広がりをもった曲である。日本国内だけでなく、今では中国、台湾、マレーシア、ベトナム、モンゴルなどでカバーレコーディングされ、人気を博している。千昌夫にとって「星影のワルツ」以来、11年ぶりの大ヒット曲である。

その歌詞に陸前高田市の地名はないが、東日本大震災後、千昌夫が「帰ろかな」と歌う故郷が「奇跡の一本松」の陸前高田市であることはよく知られることになった。1月下旬、その陸前高田市を訪れた。千昌夫の子ども時代を知る幼なじみに会いたいと思ったのである。

大船渡線のBRTで陸前高田市に近づくと、一望の復旧工事である。海から10キロほど離れた高台に立たない限り、かさあげされた防潮堤のむこうに隠れて海は見えない。こんなふうに被害に遭ったのだと思えば粛然《しゅくぜん》とする工事風景だった。

千昌夫(本名・阿部健太郎、70)と小学校から高校まで同窓の菅野幸《みゆき》さん(70)がプレハブの市役所前で出迎えてくれた。菅野さんの案内で、市内を巡り、千の友だちを訪ねることにした。

菅野さんは千昌夫のことを昔の呼び名どおり、健太郎の「健」と呼ぶので、私も千昌夫を「健」と呼ぶことにしよう。

健の実家は津波を被った。海岸の高田松原から10キロほども内陸にあるが、津波は高田市の西を流れる気仙《けせん》川沿いにさかのぼり、大船渡線の鉄橋を破壊して押し寄せた。健の母親は駆けつけた長男の車に乗って裏山に逃げ、なんとか助かったという。

気仙川に流れ込む沢筋のやや引っ込んだところに、健の実家があった。昔からの大きな家は修復されていた。道路際の石垣がなんとも立派である。

その向かいに旧電電公社を退職して今は故郷高田に帰った三つ年上の熊谷省二さん(73)が住んでいる。

「健は弟とリヤカー遊びをして、暗くなっても家さ入らねえで、おっかさんの帰りを待っていたな。あれで、淋しがり屋でねえのか」

健が小学校4年生のとき、父親が死んだ。残された息子たち三人を食わせるために母親は懸命に働いた。家は電気を止められるほど貧乏になった。

母親思いの深夜の電話 おらは元気だ、心配するな

もう時効だから言おうと、熊谷さんが健のデビュー前の思い出を語る。

「私はその頃電電公社の事故担当で東京の品川事務所勤務でした。私が宿直の夜中に健が電話してきて、実家に電話をつなげてけろ、と言うのです」

当時、地方への電話代はべらぼうに高かった。電電公社から健の実家のある竹駒町の農協まで専用回線でつなぎ、組合員への有線放送回線を使って農協の宿直が健の実家につなげば電話代は安くすむ。熊谷さんが金のない健のために思いついたア

(左)熊谷省二さんは民生児童委員協議会の活動もする (中)板林公一さんは川舟も造る貴重な木工大工 (右)菅野幸さんは市の芸術文化協会事務局長

イデアだった。

菅野さんがそのあとを続ける。

「当時農協に勤めていたから、宿直のときにやった覚えがある。健からの電話の受話器を別の受話器にさかさまに合わせると、なんとか通話ができた。受話器から声がもれて、おふくろさんに、元気か、自分は元気だから心配するなと、健の声が聞こえてくる。ジーンとした」

熊谷さんと菅野さんは、しばらく笑いあった。年に4、5回はそんなことがあったらしい。

「あれで、母親思いの孝行息子だべ」

「んだ、孝行息子はまちがいない」

二人は柔和な笑顔でうなずきあう。

子どもたちは市立竹駒小学校から同竹駒中学校へ進学する。クラスは男子30人、女子17人の一つだけ。全員が中学まで同級だった。女子17人の中に健の初恋の人がいて、今も地元で健在だという。

釘差し、馬っこ跳び、コマ回し、鬼ごっこ、この辺でバッタというメンコ、気仙川の中州の青大将退治、子どもたちは真っ黒になって遊んだ。

市内竹駒町で木工所「まな板工房板林」を営む板林公一さん(70)は、健と菅野さんとの三人で飛行機見物に行ったときのことを思い出す。魚群探知のためのセスナ機が高田松原の簡易飛行場に配備された。飛行機がとても珍しかった昭和30年代前半の頃である。

「ここらから海まで2里(8キロ)はあったべな、歩いて行った。午後3時すぎにやっとセスナが来た。

滑走路でセスナが何度も離着陸するのを健はつくづくと見物した。帰っぺ、と言っても聞くもんでねぇ。とうとう日が暮れて、帰りに小学校さ寄ったら、先生も心配していて、ごしゃがった(叱られた)」

千昌夫は飛行機マニアでヘリコプターパイロットの免許を持つ。その元になる経験がこれらしい。

心優しき故郷の大物は幼なじみに見守られている

健は私立水沢第一高等学校へ進学する。菅野さんも同校に進学した。ある夜、菅野さんの下宿の部屋に芸能雑誌を持ってきた健は「おらは歌手になるっ」と言い放った。菅野さんはあきれた。「んだって、健の歌など聞いたことがねえし、歌がうまいわけでもねえし」昨日のことのように菅野さんは目をむいていう。聞いて板林さんも大笑いした。それぐらい突拍子もない「決心」だった。が、本人は大真面目、2年で高校を中退した健は不退転の決意で

千昌夫の実家。津波被害の後、修復された

ミノルフォン時代の作曲家遠藤実の門を叩く。

東京に帰って、作詞家いではくさん(76)に当時のことを聞いた。

「千君は遠藤実先生の前で舟木一夫の『高校三年生』を歌いましたが、長くのばしたり、勝手な節回しで、いったいどこの民謡だ、と遠藤先生は参った

ようです」

が、憎めない性格だし、どこかしら見込みがある。健は歌唱の特訓を受けた。遠藤実は、いではくの詞を読んで、歌うように曲ができたという。

いでさんも『北国の春』の歌詞について、こう語る。

「私の故郷は長野県ですけど、歌詞はするすると できました。母親から届いた小包、無口な兄貴、初恋の人、故郷を思う気持ちは千君と同じです。遠藤先生の故郷は新潟。しかし、具体的に地名を挙げない方が、受け手の心に自分の故郷が浮かんできます。あの歌はいまではアジアの歌です。遠藤先生の曲と千君の声とで大きな曲に育ったので

作詞家いではくさん。音楽著作権協会会長でもある

しょう」

少年阿部健太郎に野心はあったろうと幼なじみたちは振り返って考える。途方もない野心があったらしいが、誰も歌手になるとは思わなかったという。有名になろうというよりは金が欲しかったのだろうとも解釈するのは、後に不動産投資に熱中したことからの推測かもしれない。

千昌夫が歌謡界に飛び立ったのはこの故郷からだった。故郷は誰にとっても忘れ難い。同級生たちは千昌夫の成功と不動産業での挫折と、大震災の慰問活動のすべてを包み込んで優しく見守っている。何しろ『北国の春』は東アジア15億人の愛唱歌である。健は心優しい故郷の大物なのである。

旅のメモ

交 東北新幹線一ノ関駅から大船渡線で約1時間20分の気仙沼駅で大船渡線BRTに乗り換え、約30分の陸前高田下車

問 陸前高田市観光物産協会 ☎0192・54・5011

■月刊「旅行読売」2018年4月号掲載

神田川

【昭和48年】●南こうせつとかぐや姫

いつも私が　待たされた
洗い髪が　芯まで冷えて　小さな石鹸　カタカタ鳴った
貴方は私の　からだを抱いて　冷たいねって　言ったのよ
若かったあの頃　何も怖くなかった
ただ貴方《あなた》のやさしさが　怖かった

歌の舞台
東京都
豊島区、新宿区

「やさしさが怖い」という歌詞が時代を貫いた

この歌ほど若者たちの日常感覚を痛切に表現した歌はなかった。昭和40年代、平和のために戦い、傷ついた若者がひとり小声で歌う本音の歌だった。

遊歩道が整備された神田川の戸田平橋付近

『神田川』(作詞・喜多條忠《きたじょうまこと》、作曲・南こうせつ)は、昭和48(1973)年9月の発売後、ラジオの深夜放送でじわじわと注目され、やがて爆発的な人気となった。売り上げ170万枚以上、これは南こうせつ最大のヒット曲である。

作詞の喜多條忠さん(70)は早稲田大学文学部3年当時から、文化放送の放送作家として活躍していた。文化放送に来た南こうせつが喜多條さんに新曲の作詞を依頼したことで『神田川』は生まれた。喜多條さんはこの曲で作詞家になった。

取材の日、喜多條さんは約束の時間ぴったりにやって来た。「やあ、どうも」という挨拶には同世代の懐かしさがにじんでいた。こうしてこの連載では最長のインタビューが始まったのである。

「私がせっせと放送台本を書いていたら、見ていた南こうせつ君が驚いて、そんなに素早く書けるのは脅威的で天才的で、きっと何でも書ける、歌詞も書けるはずだからぼくの歌の歌詞を頼みます、と言うんだな。で、引き受けたけれどそれほど楽に書けた歌詞ではなかった」

放送台本を日に200字詰め原稿用紙70、80枚というものすごい仕事量。が、センスのないディレクターの注文に応じているうちに胃潰瘍になり、2度も血を吐いた。いまでもレントゲン写真に胃潰瘍の跡の引きつれが写るという。

歌詞を生もうとして、喜多條さんの脳裏には早稲田大学に近い神田川沿いの3畳間で過ごした日々が浮かんだ。布団を二組敷けば歩くスペースがない3畳間で過ごした女子学生とのつましい生活。

喜多條さんは大阪出身、当時は学生運動の活動家だった。ベトナム戦争が激しさを増すあの頃、反戦平和の激しい街頭行動は文字通り命がけの行為だった。事実、昭和42年の佐藤首相訪米阻止羽田闘争では学生が一人死んでいる。街頭で死ぬかもしれないという覚悟で部屋を出て、やがて夜、へとへとになって帰って来る。泥だらけのジーパン、靴を脱ぐのもやっとの思いで畳んである布団に寄り掛かる。同棲相手がカレーライスを作っている。「お肉の入ったカレーよ」という「やさしい声」を聞きながら眠気に襲われる。この「やさしさ」の先には平穏な暮らしが約束されているかもしれない……。

いまも残るまつ川公園横の石段。下りた突き当たりに神田川

「へとへとの体に浸み込むカレーの匂い。平穏な生活へいざなうやさしさはカレーの匂いだった。それが怖かったのです」

喜多條さんは訥々《とつとつ》と語った。歌詞は女性の側の心情を綴《つづ》る形になっているが、描かれたのは喜多條さんの気持ち、あの時代の、ある男子学生の、正直な心象風景であった。

「同棲」は自由な意志を確認した愛のカタチ

「同棲」はあの時代のキーワードだった。漫画アクション誌に昭和47（1972）年3月2日号から連載された上村《かみむら》一夫（故人）作の劇画「同棲時代」が大人気だった。翌年2月、梶芽衣子、沢田研二によりTBS系列でテレビドラマ化され、由美かおる、仲雅美で松竹が映画化した。

長く上村作品の原作を書いた岡崎英生さん（74）に話を聞いた。

「題名は上村さんが決めていたんですが、内容は考えていなくて、私が映画脚本のような形式で書いて連載がスタートしたのでした。ストーリーがあるようでないような、同棲生活のディテールを細かく描く作品です。上村さんの絵は凄艶《せいえん》といっていい女性を描いて当代一級でしたから、人気になるのは当然でした。また『同棲』があの時代の若者の自由な愛のカタチだといえるものでした」

ある漫画雑誌の表紙を上村一夫が描き、その担当編集者が岡崎さんだった。だが、組合運動にまつわる深い事情によって雑誌社を辞めた岡崎さんは、それを契機に上村一夫の原作を書くことになった。その後、フリーランスの劇画原作者となった。

あの頃から、マスコミ系の仕事には放送作家やライター、カメラマンなど、フリーランスと呼ぶ、ある種、正体不明の職業が生まれていた。大学を除籍になった私も昭和45年当初から週刊誌記者というフリーランス稼業でどうにか糊口をしのいだ。業界が順調な場合にはかなり稼げる職業だった。が、組織に属していないので、明日の保証はなかった。

私も喜多條さんも世にいう「全共闘世代」である。激しい街頭行動に出るとともによく本を読んだ。吉本隆明、寺山修司、太宰治ほか無数の日本の作家たち、サルトルの実存主義、アンドレ・ブルトンとシュールレアリスム……左翼系ではマルクスはもちろん、レーニン、トロツキー、ゲバラなど、よくわからないまでも私たちはこうした書物をむさぼり読んだ。

貧しくてもいい、自分の意思で人生を決めよう。自由で主体的な選択による人生の実現こそが大事だった。抽象的ではあったが、こうした共通感覚が学生たちの心情の底に流れていたように思う。それをくつがえしかねない「やさしさ」は甘い誘惑、自分の家庭の幸せのために社会に迎合してしまう「怖さ」に通じた。「家庭の幸せは諸悪の根源」という太宰治の小説の言葉などに、ドキリとさせられる若い群像であった。

歳月が愛おしい 老いた男たちの追憶

東中野駅から歩いて15分ほどの神田川の遊歩道に『神田川』の歌碑がある。そこから下流に向かって歩いた。神田川は東京都武蔵野市の井の頭《かしら》池を水源に東京都の西部をくねりながら東へ流れる。

高田馬場駅の下流、戸《と》田《だ》平《ひら》橋と源《げん》水《すい》橋の間が『神田川』の舞台である。

しかし、今はその当時を示す物は何も残っていない。遊歩道の1か所に凹《くぼ》んだ半円形の休憩所のような所があって、そこにアパートがあったらしい。『神田川』の二人はここで日々を過ごした。

そこから少し離れた場所に創業47年のコーヒー専門店「蜜蜂」がある。当時のことをマスターの話でたどると、付近に銭湯は3軒あった。洗い髪が芯まで冷えた銭湯はどうやら「安兵衛湯」らしいが、今はない。映画館は5館あったが、今は1館だけ。

ラーメンの「べんてん」が有名だったが3年前に閉じた。当然のことながらこの界隈に当時の面影はまったくない。50年近い歳月は東京の街をこのように変えてしまうのである。

当時と変わらないものがたった一つ、小さなまつ川公園の横を下る石段が残っていた。早稲田通りから路地を抜けて神田川に通じる石段。喜多條さんに「あの石段は残っていましたよ」と言うと、「ああ、そうでしょうね」と静かにほほ笑んだ。

インタビューは3時間に及んだ。好きな作家の名を尋ねると、逆に「橋本さんは太宰治でしょう」と言い当てられた。喜多條さんも太宰治が原点だと語った。彼は「仕事や人生の転機を迎えると、太宰治全集を全巻読み直すのが常でした。これまで3回、そういう時があったな」と言って黙った。

上 喜多條忠さんは長い時間穏やかに語った 下 岡崎英生さんは上村一夫劇画の原作を数多く手掛けた

山手通りを過ぎた早稲田通りに左翼文献がそろった「文献堂」という古本屋があった。『神田川』がヒットしていた頃、学生街にはそんな古本屋がたくさんあった。喜多條さんは「文献堂」を知っていた。日に1回は店をのぞき、主人に「その本を読むのはまだ早い」なんぞと言われたそうだ。

早稲田大学文学部仏文科卒の岡崎さんも「文献堂」を知っていた。が、その名物古本屋は、すでにない。歳月とはそのように過ぎ去る、とでも言うしかないのである。

旅のメモ

交 山手線・地下鉄東西線高田馬場駅、中央・総武線東中野駅などで下車

■月刊「旅行読売」2018年5月号掲載

【昭和57年】 ●鳥羽一郎

兄弟船

波の谷間に　命の花が
ふたつ並んで　咲いている
兄弟船は　親父のかたみ
型は古いが　しけにはつよい
おれと兄貴のヨ　夢の揺り籠さ

歌の舞台
三重県
鳥羽市

海女《あま》さんだった母の人生観が歌声に重なる

鳥羽一郎の出身地・鳥羽市石鏡《いじか》の磯浜では海女さんが潜《もぐ》る。漁師の父、海女さんの母のもとで育った鳥羽一郎の歌声には母親の教えも引き継がれていた。

石鏡港の全景。磯浜と沖の浅瀬で水揚げされる魚種は豊富

『兄弟船』(作詞・星野哲郎、作曲・船村徹)は昭和57(1982)年8月発売、売り上げ30万枚のヒット曲である。

漁師の父親を手伝って育ったといわれる鳥羽一郎の人生経験を経た30歳でのデビューも異色だったが、網を引く手を止めて漁師が歌い出したような野太い歌声も異色だった。漁業従事者たちが「俺の歌」と受け取るのはもちろん、30歳の男が俺の『兄弟船』を歌って登場した新鮮さがヒットした理由だと私は思う。

歌詞では弟が兄に呼びかける設定になっているが、歌手山川豊は知られるように6歳年下の弟、鳥羽一郎が兄である。父は漁師、母は海女という血筋。この曲は鳥羽一郎を育ててくれた両親、故郷の情景に重なっている。芸名も「鳥羽出身だから鳥羽一郎」と、恩師の船村徹が決めたという。

そういえば鳥羽一郎は三重県鳥羽市の出身だった。鳥羽一郎の故郷の海を見たいと思った。

名古屋から近鉄特急に乗り1時間40分で鳥羽。鳥羽駅前から鳥羽一郎の出身地石鏡港行き路線バスで40分。春霞でおぼろに光る海。磯の白波。石鏡港の防波堤が見えてきて到着した。

長く石鏡町町内会長を務める山本都美男さん

石鏡は石段の町。家並みの間を登る石段の上の方に鳥羽一郎の実家がある

左 鳥羽一郎のポスターの前で、妹の奈津枝さん
右 山本兄弟。左が石三さん、右が都美男さん

(69)を石鏡神社社務所に訪ねた。
「ここ石鏡は昭和40年当時の最盛期に戸数210戸、人口は1500人でした。いまは196戸、人口は400人を切っています。現役の海女さんも減って、いまは60人。沿岸漁業の衰弱でしょうか、子どもも少なくなって心配です」

山本さんは石鏡の人々の気風について「ここの連中は気性が荒い。むちゃくちゃに奔放」と言い、「昔は」、と前置きして「その筋の親分さんもいないのにいつの頃からか博打場が三つあって、午後には地元の男衆が海からあがってまずは酒。そして好きな連中は博打、困ったもんだった」と苦笑した。

艪《ろ》を漕《こ》ぐ夫と潜る女房の夫婦船 海女さんは、そのうえよく働いた

海女さんたちの強い心肺機能は一朝一夕で身につくものではない。子どもの頃からの修練だった。

膝を悪くして海女さんをできなくなった女性

(62)が教えてくれた。

「上手な海女と下手な海女では倍も差が出ます。上手な人の後に付いて潜っても、眼と手が違う。下手ではよう採れん。海底のどこに獲物があるか名人の海女は知っているのです。そして、働くのは海だけではないんです。朝は手元が見え始めたら畑に出て野良仕事。帰って朝飯を作って、子どもらを学校に出して磯に出る。午後3時頃まで潜って、家に戻るとまた野良仕事でした。漁のできない冬は土木作業員もやりました」

年収は当時の平均的サラリーマンと同じぐらい。が、下手な海女さんもいる。体が細ければ冷たい海に潜り続けることができない。それなのに休むのはぐうたら嫁だ、と責める夫もいたという。

鳥羽一郎が過ごした石鏡の集落を歩いた。家々は段々畑のような狭い平地に立っていた。石段が家々を結び、隣の家は一段上か下になる。

案内してくれたのは山本石三さん(65)。山本都美男さんの弟で鳥羽一郎とは小学校、中学校の同級生、いまでも一緒に酒を飲む無二の親友である。現在は定年退職して悠々自適の暮らし。

「鳥羽は絶対音感を持っている。子どもの頃から歌はうまかった」

と語った。鳥羽一郎が磯で遊んでいたとき、釣り人が腹に三本ヒシ(ヤスの一種)を刺す大怪我をした。それを見ると、中学生の鳥羽は猛然と沖の船まで泳ぎ、急を知らせて船を磯へ連れてきた。怪我人はその船で病院へ向かった。

「あいつは決してガキ大将ではなかった。だが、独特の雰囲気で一目も二目も置かれる芯の強い子どもだったよ」

石三さんは石鏡小学校へ私を連れて行ってくれた。この近くに鳥羽の家の田んぼがあったという。併設されていた中学校は廃校になっていた。

灯台下の磯浜へ出た。ここは子どもの遊び場で「よく泳ぎよく遊んだ。でも、勉強はあんまりしなかった」と40年ぶりにここへ来た石三さんは往時を懐かしんだ。

海女のつらさを知る母は町を出て自活しろと言った

翌日、鳥羽市に近い伊勢市二見《ふたみ》町松下で鳥羽一郎の妹の奈津枝さん(63)に会った。

奈津枝さんはスナック「ライブ」を経営している。はきはきと質問に答えてくれた。面立ちは鳥羽一郎に少しだけ似ている。目が魅力的だった。

鳥羽一郎は4人兄弟の長男。本名は木村嘉平、以下、妹・奈津枝、弟・春次(山川豊)、末の妹・美穂子。父・伝蔵は94歳で石鏡に健在である。母・春枝は平成23年に亡くなった。享年80。

「母親が歌のうまい人でした。大漁祈願の『天王祭』では演芸大会もあって、母が歌うといつも拍手喝采。鳥羽と山川の歌がうまいのは母親の血筋です。いま美容院をやっている妹が一番うまい(笑)」

ラジオから歌が流れる家庭だった。母・春枝はいつも鼻歌のように歌を口ずさんでいた。鳥羽一郎は叔父さんに買ってもらったギターを小学生の頃から独学で演奏した。聞いた曲の音を探っては、やがて見事に仕上げた。夜には枕元に小型のステレオセットを置いて小さな音量で歌謡曲のレコードをかけていた。

母親の体は細かった。薄い磯着で潜る海の仕事がつらそうだった。

「よそへ出ろ、というようなことをよく言っていました。この磯から出て手に職をつけて、自活しろと」

奈津枝さんに縁談のような話があると母親は「おらげの子らは海女、ようせんで」と断っていたという。それでも春枝さんは潜り続けた。海女さんのつらい日々。母・春枝さんが海の底で捕まえてきたのはアワビだけではなく、つらくても生き抜いていく考え方、ある種の人生哲学だったのかもしれない。

「私は名古屋の理容院へ行きました。妹は美容師。娘たちには『旦那に頼らんでも生きていけるようにせえ』と言っていました。この店も、鳥羽や山川の兄弟というよりは私自身の店としてやってきたつもり」

石鏡港の朝は小型船の水揚げでにぎわう

　めちゃくちゃに奔放で荒っぽい連中の住む石鏡でもまれながら、鳥羽たち兄弟は性格の土台を作った。子どもたちは母親のうながしで自立への道を歩んだ。

　弟の山川豊に先を越されたが、鳥羽一郎も夢をあきらめずに、歌の道で栄光をつかんだ。

　鳥羽一郎の現実味たっぷりの歌唱の根っこには、石鏡の磯の海女さんとして苦労した母親の生活信条が横たわっている。

　海の底で手づかみにした母親の人生哲学が息子たちの歌に引き継がれている。

旅のメモ

交 近鉄名古屋駅から近鉄線で約1時間40分の鳥羽駅で下車、徒歩すぐの鳥羽バスセンターから約40分の石鏡港下車 問 鳥羽市観光課 ☎0599・25・1157

■月刊「旅行読売」2018年6月号掲載

【昭和37年】◎美空ひばり

ひばりの佐渡情話

佐渡の荒磯《ありそ》の　岩かげに
咲くは鹿の子の　百合の花
花を摘みつみ　なじよして泣いた
島の娘は　なじよして泣いた
恋はつらいと　いうて泣いた

歌の舞台
新潟県
佐渡市

佐渡島には悲恋の伝説が語り継がれていた

佐渡島に本土の文化が波のように伝わり、一方で島の人情は古色を帯びて残る。佐渡へと草木もなびくのは、佐渡が日本人の「恋心」の故郷でもあるからか。

佐渡島南西部、矢島・経島の入り江。たらい舟は小判型で安定して浮かぶ

昭和37（1962）年のNHK紅白歌合戦で例年どおり紅組のトリをとった美空ひばりは同年10月発売の『ひばりの佐渡情話』を歌い、喝采をあびた。

このとき25歳、小林旭と結婚し、翌年には離婚。悲しい恋の結末だった。しかし、この悲しみさえも歌の力に変えて、美空ひばりは『ひばりの佐渡情話』の頃からいっそうの表現力を獲得する。

作詞の西沢爽《そう》は島倉千代子『からたち日記』、小林旭『さすらい』『ギターを持った渡り鳥』などのヒット曲を持つ当時の重鎮作詞家（平成12年没、享年81）。作曲の船村徹は起伏の大きい、小節《こぶし》の効いた名曲に仕上げた。

ところで、私は「佐渡情話」に、なぜ「ひばりの」という「断り」がついているのだろうという疑問を常々持っていた。

その謎を探ろうと思って佐渡島へ来たのだった。

佐渡市教育委員会や地元の人々に取材して、元の「佐渡情話」は昭和7（1932）年に浪曲師寿々木米若《すずきよねわか》が浪曲台本として創作したことを知った。昭和一桁の頃、浪曲は歌謡曲に負けないほどの人気、78回転ＳＰレコードでなんと１００万枚という驚異的なヒットだった。この浪曲「佐渡情話」があったがために「ひばりの」という但し書きがついたわけである。

浪曲「佐渡情話」は寿々木米若が佐渡島の民話や民謡をもとに書いたと伝わる。以下、その物語。

――越後柏崎の漁師吾作が嵐で流され、佐渡島に漂着する。吾作を助け看病したのが島の娘お光《みつ》。二人は愛し合い深く契《ちぎ》る。が、ほどなく吾作は二度と帰れないと諦めていた柏崎に帰る。吾作に会いたい一心のお光は、たらい舟にのって柏崎に漕《こ》ぎ渡るが、柏崎には吾作の妻がいた。荒海を漕ぎ渡るお光の情熱に初めのうちは感激した吾作だったが、その愛の執念が恐ろしくなり、お光が漕いで来るある夜、柏崎の常夜灯（灯台）の灯を消してしまう。

お光は方角を見失い、海に沈んで死ぬ。むごいことをしたと深く後悔した吾作も海に身を投じて死ぬ――

吾作とお光の後追い心中物語だった。

佐渡から柏崎へ懸命に漕ぎ渡るお光の恋路悲しや

いくら創作でも、たらい舟で佐渡から柏崎まで漕ぎ渡るとは、荒唐無稽ではないでしょうか、と私は佐渡市文化財保護審議会会長山本修巳《よしみ》さん（79）に聞いた。

「いや、佐渡人の恋心として、これはそんなに奇異ではありません」という返事には驚いた。

山本家は佐渡の小木《おぎ》港と相川金山とを結ぶ金街道（相川往還）の中ほどの真野新町《まのしんまち》本陣の家系。山本さんはその子孫で12代目、元高校国語教諭。

先代修之助は佐渡の古謡や民謡を収集して、高く功績を認められている。

「父・修之助が収集した『相川音頭全集』（昭和50

〈1975〉年、佐渡郷土研究会刊）には心中物があります。ならぬ恋なら死を以って結ばれよう、という激しい恋は古謡や伝承、いくつもの民謡に影を落としています」

江戸時代の相川は金の産出と北前船でにぎわい、人口は想定5万人、遊郭が10軒以上も軒を連ねていた。男女の出会いの機会も多く、道ならぬ恋の成就に死を選ぶ心中が実際に起きて語り草となり、相川音頭に歌い込まれた。盆踊りは心中者の供養でもあったという。

お光の碑。矢島経島の岩礁の上で雨に濡れていた

その演目に「伊衛門、おはつ、紫《むらさき》鹿《か》の子縁《ゆかり》の追善《ついぜん》」「兵十郎、花世、妹背《いもせ》の虫づくし」などがある。

――ともに死ぬ夜は卯の花月の末の六日と約束きわめ――

などと物語る音頭である。

山本修巳さんは先代修之助が収集した『野のうた、恋のうた』（平成元年、佐渡郷土文化の会刊）から佐渡人の恋唄を教えてくれた。

「糸巻つけて、たぐり寄せたい　わが寝間に」と歌う女や「送りましょうと、浜まで出たが、泣けてさらばが言えなんだ」という女が、恋心の気合も入って堂々と登場する。これらは万葉の頃の歌垣や相《そう》聞《もん》歌《か》にまでさかのぼる素朴で直接的な恋の歌である。古代人にとって恋に胸を焦がすのはごく自然のことだった。

山本さんは笑みを浮かべ、

「というわけでね、つまり、佐渡の恋は素朴です。尾崎紅葉は『月涼し　橋かけたやとうたいつつ』と小木港の向こうの柏崎の灯りを見て俳句を作りました。柏崎は佐渡の実感としては近い。愛しい殿《との》御《ご》はすぐそこの柏崎にいる、たらい舟で行こう。お光は恋する一心で漕ぎ渡ったのだ、と信じればぐっと来ますな」

とうなずくのだった。

古代人の切ない恋心がたらい舟を曳《ひ》いている

山本さんが明かした。

「西沢爽さんは昭和52年にわが家に来ています。西沢さんは父修之助著の『佐渡の民謡』(昭和5〈1930〉年、地平社書房刊)を読んでいるでしょうね。父とはずっと昔から文通していました。西沢さんは父を経由して佐渡の民俗についての文献を読み、また民謡も聞いて、人情風俗をとらえていたのでしょうね」

山本家には西沢爽の色紙も残っていた。

この交流によって『ひばりの佐渡情話』の歌詞が生まれたと私は推測する。

佐渡市教育委員会西事務所長の野口敏樹さん(50)は語る。

「佐渡島は民俗、風俗、文化、歴史が何層にも積み重なっているところです。順徳天皇や、日蓮らの流人の歴史は都や鎌倉の文化も運びました。本土では消えたはずの古代からの心情が層をなして佐渡島には残っているのです。佐渡島の恋が切なく激しいのは古代人の心が残っているからではないでしょうか」

歌は一朝にしてならず、何層にも堆積した恋や別れの、千年の心情に磨かれて歌になる、と私は解釈する。

その日、佐渡は雨だった。私はレンタカーで国道350号を走り、観光スポットの矢島《やじま》・経島《きょうじま》へ着いた。ここでたらい舟に乗れる。矢島体験交流館の乗船体験料は500円。福井栄子さん(70)ほかの皆さんが小雨の中で客を待っていた。

「たらい舟は磯浜近くで見突き漁に使う舟です。昔の男の仕事。数字の8を描くように左右に櫂《かい》を使うと前に進みます」

たらい舟を漕ぐ、左から桃井良子さん、福井栄子さん、桃井町子さん

左 山本修巳さん。古風な本陣の館で語った 右 教育委員会の野口さん。埋没文化物の研究が専門

私が冗談で「これで柏崎まで行けますか」と聞くと、「それが、漕いで行っちゃった人がいるのよ。何人も」と、笑って福井さんが答えた。昭和41（1966）年と翌年には「たらい舟越佐《えっさ》海峡横断」が行われて成功した。さらに平成19（2007）年には三つのたらい舟に乗った三人の女性が交代なしにたらい舟を漕ぎ続けて19時間15分、柏崎に到着した。柏崎まで海上約50キロ。ご立派。

この入り江に「お光の碑」が立っている。雨の中、碑は濡れていた。荒唐無稽と半ば冷やかしたことを謝った。

お光の恋は歌い継がれているよ、と碑に告げて手を合わせた。

旅のメモ

交 上越新幹線新潟駅からバス15分の佐渡汽船下車、徒歩すぐの新潟港からジェットフォイルで1時間の両津港下船。小木港へは両津港からバスを乗り継ぎ約1時間50分、または直江津港から高速カーフェリーで約1時間50分 問 佐渡観光交流機構 ☎0259・27・5000

月刊「旅行読売」2018年7月号掲載

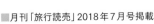

【昭和49年】◉森進一

襟裳岬

理由《わけ》のわからないことで　悩んでいるうち
老いぼれてしまうから
黙りとおした　歳月《としつき》を
ひろい集めて　暖めあおう
襟裳の春は　何もない春です

歌の舞台
北海道
えりも町

岬は初夏、波は遥《はる》かな岩礁に打ち寄せていた

「何もない春」と歌われた襟裳岬には、住民総出で海岸の森を復活させた熱いドラマがあった。森は今、自然環境を健全に保ち、人々の暮らしを支えている。

襟裳岬の突端は岩礁が南にのびる。岩礁はゼニガタアザラシの生息地でもある

森進一は昭和49(1974)年6月発売の『襟裳岬』でレコード大賞と歌謡大賞を受賞し、この年のNHK紅白歌合戦で初の大トリをとった。売上げ枚数は累計100万枚以上、やや低迷していた森進一は再び浮上する。

作曲・吉田拓郎、作詞・岡本おさみはフォーク界の黄金コンビ。フォーク調の曲を演歌の森進一が歌う新鮮な組み合わせが成功した。

が、この曲がヒットすると、地元からは襟裳を「何もない」とは何事か、という苦情が出た。

この曲は、人生の疲れをいたわり「ゆっくり暖まって休んでいきなよ」と優しく語りかけている。だが、森進一はあまりにも「何もない春」を朗々と歌い上げすぎた。遠来の客に「よく来たね、何もないけどゆっくりしていってよ」といった挨拶はよく交わされる。それを大声で言ったのでは気持ちが伝わらない。あそこはつぶやくように歌うべきだった。

それにしても、本当に「何もない」のだろうかという疑問が残る。私は襟裳岬を訪ねて、確かめたいと思った。

着いた日、襟裳岬は濃霧。真っ白な霧の中で宿に逃げ込んだ。

翌日は晴れ。襟裳岬の先端から岩礁が南へのびていた。海面から霧が生まれて西へ流れていく。青い空、光る海、突き出た岬を、私は呆然と眺めた。

襟裳岬は風の岬ともいわれる。風速10メートル以上の風が年間270日にも吹きすさぶ。風速30メートル、40メートルの強風も珍しくない。幸いにもこの日、風は凪《な》いでいた。

私は地元の岬地区に住む、ひだか南森林組合岬班班長飯田英雄さん(59)を訪ね、襟裳岬についていろいろと尋ねた。ここの自然について聞いているうちに襟裳岬の自然が人の手で復活したことを知った。昔、襟裳岬北東部の百人浜は一木一草も生えない荒地だった。冬の西風が砂を吹き運んで、岬の東側の海面は茶色に濁り、陽の光が差さないために昆布は死滅し、魚もいなくなった。地元では「襟裳砂漠」といっていた。

この「砂漠」を緑化する住民総出の努力が襟裳岬で行われたのである。

森よ、海よ、丘よ、昔のように美しく甦れ

大昔の襟裳岬は原生林が鬱蒼《うっそう》と茂っていた。明治以降、昆布漁のために移り住んだ人々は冬の焚《た》き木に原生林を伐採し続けた。緑をむさぼり食うバッタの大群も襲来した。森が消えた。その荒地に強風が吹く。

「目も開けられない。家に細かい砂が入り込んでどうにもならなかった」

そうと前出の飯田さんは語る。

その「砂漠」を森にした住民のリーダーは飯田常雄(平成17年没、享年76)という。飯田英雄さんの父親である。

「頑固な雷親父、子どもと母親には困った父親だったが、植林には本当に人生のすべてをかけた男です」と英雄さんは思い出す。

昭和28(1953)年、百人浜に「えりも岬治山事業所」が設置され、林野庁から緑化担当者が着任する。父・常雄は地元作業員のまとめ役を引き受けた。作業の指揮をとり、自分も汗を流して植林した。常雄は著作「えりも緑化事業の半世紀」(平成15年、緑化記念事業実行委員会刊)のなかで語る。

手前が復活した百人浜の森、浜辺の向こうに霞む襟裳岬

「断崖の下は湿地。風が吹けば10メートル前の人が見えない。こんな所を緑化する経験は日本にはない。だが、やれるだけのことをやってみよう」(要約)

草が根づくように表土を耕した。木の枝を束ねた粗朶《そだ》を谷間に埋めた。種を撒《ま》いても強風が表土ごと吹き飛ばした。粗朶も飛ばされ、葦簀《よしず》を試す。効果はわずかだった。一部にやっと草が根づいた。ミズナラやカシワの苗木を植える。しかし、冬には湿った土に大きな霜柱が立つ「凍上《とうじょう》」という現象が根を持ち上げ、苗を枯らした。飯田常雄は住民をまとめて前へ進んだ。4年目、浜に打ち上げられる「ゴタ」と呼ぶ雑海藻を植林地に敷き詰めることを思いつく。ゴタは雨で粘って互いにくっつき、晴れれば一枚の布のように地面に張りついて、表土や草の種、苗木を地面に抑え込んだ。ゴタを敷いた地面に苗木が定着した。「これはいける。間違いなく成功する」と常雄は確信した。

植林面積がじわじわと広がる。25歳から始めた

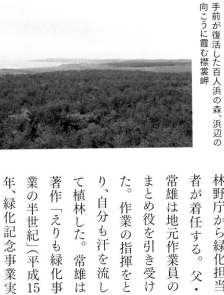

緑化事業面積がおよそ200ヘクタールを超えたとき45歳になっていた。20年、不屈の歳月だった。

常雄は青々とした植林地を眺めた。空を見上げたのはヒバリの声を聞いたからだった。かつての襟裳砂漠には生き物の気配がまったくなかった。森が生まれてヒバリが帰ってきたのである。

厳しい自然環境は厳しく生きる人々を育む

緑化事業は続いた。息子の英雄さんは苫小牧の高校に進学したが、父・常雄が腎臓を患うと実家に帰り、建設重機の免許を取って父親の植林を手伝った。

父・常雄の腎臓は人工透析を受けるほどに重くなった。最晩年は病気との闘いで入退院を繰り返した。やがて足を切断することになったとき、常雄は死期を悟り、病室で、

「あの森をもう一回見たいなあ」

自宅で語る飯田常雄氏の妻雅子さん(83)(左)と、息子の英雄さん

(左)繁殖牛が放された牧場で高橋祐之さん (右)石川慎也さん。岬に棲むゼニガタアザラシの生態にもくわしい

といった。英雄さんが聞いた遺言のような一言だった。その機会もなく、常雄は亡くなった。遺体が自動車に乗って自宅へ帰るとき、英雄さんは寄り道をして植林地をゆっくりと巡った。

えりも町企画課長石川慎也さん(53)に案内され、百人浜植林地の展望塔にあがって森を見た。潮騒

が近かった。風が香った。襟裳岬の中央部は標高50メートルほどの丘陵である。鳥類が種を運んで樹種が増えれば、太古の森が復活するのも遠くない。

そして、茶色の海も生き返った。昆布はもちろん、一年を通してタコ、3月から10月のツブ貝、冬のカレイ、9月、10月のサケ、ハタハタも毛ガニもウニもボタンエビも獲れる。海は森が育てるという自然の循環が始まって久しい。

岬の西側は冬の西風にさらされて一面の笹が原。が、そこでも自然を相手に頑張っている人がいた。短角牛の牧場を経営して成功した高橋祐之さん(59)である。牧場の「ファームイン守人(まぶりっと)」で高橋さんに会った。

「西風、東風、風の往復パンチに耐えてきました。今では全国からレストランのシェフがやってきて商談をまとめます。経営は軌道に乗っています」

高橋さんは自慢するでもなく経営について淡々と語った。飼育頭数は約300頭。繁殖用に90頭を放牧し、毎年70頭から80頭を出荷する。年商約6000万円は全国でも有数の規模。放牧された繁殖用の雌牛30頭に種牛が1頭、という牧場で短角牛の雄を見た。堂々とした雄牛が木陰でのんびり反芻《はんすう》していた。

短角牛は赤肉。近年人気の赤肉をステーキでいただいた。歯ごたえ、風味のコク、文句なし、うまい。厳しい自然に揉《も》まれた肉はこうも違う。

人もそうだ。自然環境が厳しければそこに住む人々も厳しく生きる。私はこの当たり前すぎる人生の原則をごく当たり前に確認して帰路についた。襟裳岬には、何もないどころか、こんな手強い連中の物語があったのである。

旅のメモ

交 札幌駅から高速バスで4時間、えりも岬下車。新千歳空港から車で約3時間30分

問 えりも観光協会 ☎01466・2・2241

月刊「旅行読売」2018年8月号掲載

著者プロフィール

橋本克彦（はしもとかつひこ）

1945年宮城県気仙沼市生まれ。雑誌記者を経てノンフィクション作家に。84年「線路工手の歌が聞えた」（宝島社）で第15回大宅壮一ノンフィクション賞受賞。90年「日本鉄道物語」（講談社）で交通図書賞受賞。「森に訊け」（講談社）ほか自然環境取材で世界を一周。「農が壊れる」（同）では日本列島を縦断取材。「バリケードを吹きぬけた風」（朝日新聞社）、「欲望の迷宮」（時事通信社）、「うまいものつくる人々」（家の光協会）、「団塊の肖像」（NHKブックス）など、著書多数。

あの歌この街 一

二〇二一年三月十八日　第一版発行

著者　橋本克彦
発行人　坂元隆
発行所　株式会社旅行読売出版社
〒101-8413 東京都千代田区岩本町1-10-5
TMMビル2F
TEL03・6858・4300
FAX03・6858・4301

編集　渡辺貴由　高崎真規子
装丁　岩本和弥(エルグ)
印刷製本　図書印刷株式会社

Printed in Japan　ISBN978-4-89752-325-5　C0026